Frank Abbond

la *TUNICA* e il *SAIO*

Youcanprint *Self-Publishing*

Opera letteraria riservata

LA TUNICA E IL SAIO

ISBN | 978-88-91194-26-8

Copyright 2015 © –Frank Abbond (Francesco Abbondati)
Tutti i diritti sono riservati. Ogni riproduzione dell'opera, anche parziale, è vietata.
Questo è un libro storico. Nomi, personaggi, luoghi ed eventi sono frutto di una ricerca storica.

Progetto grafico e impaginazione:
Carolina Mauro

Realizzazione copertina:
Michael Muzzi

Dedico questo mio lavoro
a mio nipote Jean Paul:
Che Dio lo protegga
e illumini il suo cammino

PROLOGO

Le storie che ci accingiamo a raccontare, sono le storie di due santi. Essi sono, senza dubbio i santi più importanti della religione cristiana. Due santi che hanno tra loro delle inquietanti analogie, due predicatori convinti di salvare il mondo dai peccati, essi sono Gesù Cristo e san Francesco d'Assisi. Due storie piene di un affascinante svolgimento che hanno cambiato la mentalità del credo di Dio. Anche se immergersi nella difficile biografia di questi due eccezionali personaggi non è assolutamente una casa semplice, se si vuole intraprendere un percorso il più possibile facente parte della realtà o quasi, specialmente quella di Gesù. Ci si imbatte in una serie di contraddizioni che ci scaraventano nel dubbio più radicato, ponendoci difronte ai rischi di travisare la realtà. A questi rischi, non può sfuggire, nessuno che si accingesse a percorrere questa avventura, fare a meno di ricorrere all'intuizione, alla simpatia, all'immaginazione e alla disciplina del catechismo in cui siamo stati indirizzati da quando abbiamo cominciato a capire le cose. Questo difficile cammino è sopratutto impervio, tenuto conto della natura notevolmente imperfetta, sommaria e contraddittoria della documentazione che abbiamo a disposizione e dalla enorme distanza culturale che ci divide dalla storia. Ma facendo leva, per esempio, su ciò che necessariamente prende posizione di fronte al Messia di Nazareth, che proietta una buona parte di se stesso su uno degli uomini che hanno esercitato la più duratura, estesa e profonda influenza della storia universale religiosa. Bene, ci troviamo proiettati nel dubbio se prendere gli eventi, che ne hanno costruito l'epopea, come storia o come leggenda. Non possiamo prendere in esame tutte le fonti che ci permettono di stipulare un quadro storico completo nel quale si colloca la vita di Gesù Cristo e di Francesco d'Assisi. Ma dobbiamo fare un inventario dei documenti che ci forniscono notizie sulla loro attività e sul loro pensiero. Solo così possiamo descrivere gli eventi che hanno verosimilmente costruito lo svolgimento della storia. Una storia che da più di duemila anni si è maturata influenzando il popolo Cattolico verso la religiosità Cristiana.

Frank Abbond

Capitolo primo: Gesù Cristo

I quattro Vangeli canonici costituiscono la fonte più importante per la conoscenza della vita e della personalità di Gesù. Tuttavia non bisogna tralasciare le eventuali fonti che siano pagine, ebraiche o cristiane. Certo che le fonti pagane sono estremamente povere di notizie serie, ma ci forniscono la certezza dell'esistenza di Gesù. Tacito ad esempio, scrive che il fondatore del cristianesimo fu un certo *Christos* che fu giustiziato in Giudea, al tempo dell'Imperatore Tiberio, dal procuratore Ponzio Pilato. Flegonte di Tralles, (prima metà del II secolo, fu uno storico greco vissuto nell'età imperiale romana). Era un liberto alle dipendenze di Adriano, avrebbe parlato di alcune predizioni di Gesù che poi sono state confermate dai fatti. Da Plinio il giovane a Luciano e da diversi autori pagani del I° secolo, come Svetonio e Tacito, viene confermata, senza mai mettere in dubbio, l'esistenza storica del fondatore del cristianesimo. Sono queste le prove più convincenti, dal momento che questi pagani notoriamente accaniti avversari del cristianesimo, se avessero agito di testa loro certamente lo avrebbero negato, se non fosse stato per gli eventi storici che hanno sostenuto la verità. Le fonti ebraiche sono leggermente più abbondanti, anche se pongono delicati problemi di critica. Nel corso del *Talmud*, che è una vasta raccolta completata, che è stata stipulata verso il 500, è necessario eliminare tutto quanto proviene dalle tarde tradizioni e attenersi a pochi passi relativi a Gesù che, tra l'altro, risalgono ai rabbini del primo e secondo secolo dC. A questi vanno aggiunti i testi in cui Gesù è nominato come, *un tale,* nelle tradizioni Tannaitiche. Lo storico ebraico Giuseppe Flavio (37 100, autore delle opere *Antichità Giudaiche* e la *Guerra Giudaica,* (lo storico era protetto da Vespasiano) nelle sue *antichità giudaiche,* apparse nel primo secolo, menziona Gesù, in un breve passo, che parla della morte di Giacomo, fratello di Gesù, che è sicuramente autentico. E' abbastanza ricco di particolari e quindi più veritiero dal momento che vi ha lasciato tracce ben visibili. Molti elementi sembrano autentici, come l'allusione alla saggezza e all'attività miracolistica di Gesù o il riferimento alla sua crocifissione per ordine di Ponzio Pilato. Mentre nella *Guerra Giudaica.* Flavio su quattro dei suoi brani parla direttamente di Gesù. La loro autenticità è stata oggetto di diverse contestazioni e sembra certo, che questi passi abbiano ricevuto dei ritocchi. Ma non si può rigettarli completamente, bisogna tener conto dei dettagli delle date che vi sono menzionate. Ad esempio, circa l'istallazione di Gesù e dei suoi partigiani sul monte degli ulivi e sul tentativo di questi di trascinarlo in una guerra contro i Romani. Fatti abbastanza verosimili che si vanno ad aggiungere alla conoscenza che abbiamo da altre fonti del ministero di Cristo.

L'archeologia della Palestina fornisce numerose indicazioni sull'ambiente in cui è vissuto Gesù, ma non ha dato alcuna notizia relativa a Gesù stesso. Al massimo conferma l'esistenza dei cristiani nella Palestina del primo secolo. Mentre le fonti cristiane sono notevolmente più ricche, anche se i libri degli *Atti,* e l'*Apocalisse* di Giovanni, non ci fanno conoscere gran che del Redentore, se non alcune menzioni che troviamo sparse qua e la. Mentre le Epistole o lettere di Paolo di Tarso, che fanno parte del nuovo Testamento, comunque, sono già più ricche di notizie, sia riguardanti la vita di Gesù, sia di citazioni di parole sue e basterebbero da sole a fornire gli elementi di una, pur se sommaria, biografia del Cristo, delle sue predicazioni e dei suoi miracoli, che destarono sufficienti preoccupazioni e allarmi negli ambienti della classe dirigente e nei farisei. le lettere Paoline, poi incluse nel Nuovo Testamento: scritte approssimativamente tra il 51 e il 63 da Paolo di Tarso, che non conobbe direttamente Gesù, rappresentano i documenti noti più antichi, ma contengono pochi dati biografici sulla figura storica di Gesù. Le lettere, nate spesso come scritti occasionali, non intendono infatti fornire un resoconto completo di atti o insegnamenti, ma costituiscono tuttavia una testimonianza rilevante di come venisse tramandata e percepita l'esperienza di Gesù nelle più antiche comunità cristiane; La narrazione della vita e dell'insegnamento di Gesù procede nei quattro vangeli prevalentemente in modo parallelo, soprattutto tra i primi tre (Matteo, Marco, Luca) detti per questo *"sinottici"*. Un certo episodio è narrato da più vangeli, solitamente con alcune variazioni, ma sono presenti anche lacune o racconti propri di un singolo evangelista. In Giovanni mancano numerosi racconti presenti nei sinottici, mentre sono presenti svariate aggiunte proprie. Giovanni nel suo vangelo menziona queste preoccupazioni:

"I capi dei sacerdoti e i farisei, riunirono il sinedrio e dicevano: che facciamo? Perché quest'uomo fa molti miracoli. Se lo lasciamo fare, tutti crederanno in lui; i Romani verranno e ci distruggeranno come città e come nazione. Uno di loro Caiafa, che era sommo sacerdote di quell'anno, disse loro: Voi non capite nulla, e non riflettete come torni a vostro vantaggio che un uomo solo muoia per il popolo e non perisca tutta la nazione. Or egli non disse questo di suo; ma siccome era sommo sacerdote in quell'anno, profetizzò che Gesù doveva morire per la nazione e non soltanto per la nazione, ma anche per riunire in uno i figli di Dio dispersi. Da quel giorno deliberarono di farlo morire."

Esse non sono separate dagli avvenimenti cui fanno

riferimento, perché sono l'opera di un uomo che era contemporaneo ai fatti ed in più suo discepolo. Anche gli scrittori cristiani del II° e III° secolo, sia che si tratti di padri della chiesa, di eretici o di anonimi, questi bene o male ci hanno tramandato alcuni racconti relativi al falegname di Nazareth, anche se qualche evento sconosciuto o notevolmente deformato, analizzandolo con attenzione può sembrare anche sostanzialmente autentico, per cui non tenerne conto sarebbe un errore. Anche ai Vangeli apocrifi o se preferiamo extra-canonici è necessario accordare una certa attenzione, anche se sono mal conservati e troppo tardivi e leggiadri perché possano aiutarci a tracciare una biografia del figlio di Dio. Il Vangelo di Tommaso, (a volte veniva chiamato Didimo), era uno dei dodici apostoli di Gesù. Egli è comunemente noto per l'episodio della sua incredulità sull'avventura della resurrezione di Cristo. Secondo la tradizione svolse il suo apostolato fino in India. Gli è attribuito un vangelo apocrifo del quale abbiamo una versione completa ed integrale, contiene elementi anche su qualche discorso di Gesù, riporta una versione altrettanto antica, quanto quella dei Vangeli canonici. Infine altri Vangeli apocrifi non ancora identificati, ma i cui frammenti sono stati rinvenuti in Egitto, contengono alcuni aneddoti relativi al Cristo e parole dette da lui, sulla loro parziale autenticità si può essere quasi certi. Nonostante le nozioni utili che ci forniscono i Vangeli apocrifi o i loro frammenti, è tuttavia meno ricca, di quella fonte inesauribile che ci forniscono i quattro Vangeli canonici di, Matteo, Marco, Luca e Giovanni, questo è ovvio.

San Matteo, Apostolo ed Evangelista pubblicano, é autore del primo vangelo.

San Marco, uno dei quattro Evangelisti, compagno d'apostolato di San Paolo e poi di San Pietro a Roma. Il Vangelo secondo Marco è il secondo dei Vangeli sinottici, secondo una tradizione avrebbe fondato la chiesa di Alessandra d'Egitto, dove poi sarebbe morto, da qui le sue reliquie sarebbero state portate a Venezia, città della quale diventò il patrono.

San Luca, Evangelista, nato ad Antiochia in Siria, era un medico, compagno di San Paolo e autore del terzo Vangelo.

San Giovanni, Apostolo prediletto da Gesù scrisse l'Apocalisse, gli Atti degli Apostoli, e il quarto Vangelo.

Certamente, per varie ragioni, non ci addentreremo troppo tecnicamente nella valutazione dei Suddetti Vangeli, in primo luogo perché modestamente non siamo teologicamente così esperti da azzardare verità che non conosciamo o non comprendiamo, non ne abbiamo ne le possibilità ne la cultura teologica da giustificare la nostra eventuale intromissione valutando i fatti che non ci riguardano per niente o poco. In secondo luogo, non possiamo affrontare l'esame dei Quattro Vangeli, Perché, il problema del loro rapporto, della loro genesi e del loro valore storico, a questo immenso soggetto, hanno dedicato intere biblioteche i vari specialisti. La nostra trattazione rischierebbe di diventare troppo tecnica e ripetitiva. Quindi ci limiteremo a riassumere brevemente alcune conclusioni che attingeremo dai vari testi che oggi abbiamo a disposizione di cui, la maggior parte dei critici e storici di tutti i tempi sono concordi e sconcordi.

Il Vangelo secondo Giovanni, per quanto siamo riusciti a capire, presenta molte differenze rispetto agli altri tre, sia per il piano generale, lo stile e la scelta degli episodi che narra e la presentazione data ai discorsi di Gesù.

"In verità, in verità vi dico che chi non entra per la porta dell'ovile delle pecore, ma vi sale da un'altra parte, è un ladro e un brigante. Ma colui entra per la porta è il pastore. A lui apre il portinaio e le pecore ascoltano la sua voce, ed egli

chiama le sua pecore per nome e le conduce fuori. Quando ha messo fuori tutte le sue pecore, va davanti a loro e le pecore lo seguono, perché conoscono la sua voce. Ma un estraneo non lo seguiranno; anzi fuggiranno via da lui perché non conoscono la voce degli estranei. Questa similitudine, disse loro Gesù; ma essi non capirono di che cosa parlasse. Perciò Gesù di nuovo disse loro: In verità, in verità io vi dico: Io sono la porta delle pecore. Tutti quelli che sono venuti prima di me, sono stati ladri e briganti, ma le pecore non li hanno ascoltati. Io sono la porta; se uno entra per me, sarà salvato, entrerà ed uscirà e troverà postura. Il ladro non viene se non per rubare, ammazzare e distruggere; io sono venuto perché abbiano la vita e l'abbiano abbondante. Io sono il buon pastore; il buon pastore da la sua vita per le pecore."

Tutti concordano nel ritenere che la sua composizione risale ad un epoca più tarda rispetto a quella degli altri Vangeli canonici, cioè i tre vangeli sinottici e che sia stato scritto molti anni dopo la morte di Gesù. Nonostante sia incerto che Giovanni, l'abbia scritto senza conoscere gli altri Vangeli. E' sicuro che per redigere la sua opera utilizzò tradizioni e particolari documenti importanti al pensiero teologico di un gruppo rimasto ai margini della grande chiesa. Quindi se vogliamo descrivere la storia di Gesù dovremo inevitabilmente attingere le notizie contenute nel quarto Vangelo con molta cautela, facendo attenzione, per esempio, ad attribuire ingenuamente al Gesù storico i lunghi discorsi che il libro riporta, ma potremo trarre da questo Vangelo alcuni dati di fatto, con la certezza che ben merita di essere valutata.

Mentre la rassomiglianza tra gli altri tre Vangeli canonici, di Marco, Matteo e Luca, è stata riconosciuta da molto tempo e si avvalgono del titolo di Vangeli sinottici. Oggi tutti gli esperti studiosi del fenomeno sono d'accordo nel ritenere che questa somiglianza risulta dalla utilizzazione di una stessa tradizione da parte degli autori, Marco, Matteo e Luca, che sono più fedeli alla loro documentazione, di quanto non sia il Vangelo di Giovanni e che il Vangelo di Marco è anteriore rispetto agli altri due. I problemi, più importanti che dovremo quindi affrontare, saranno quelli della innovazione che nei confronti della tradizione è costituita dalla redazione del primo Vangelo e quello della natura esatta di questa tradizione. Gli specialisti, continuano tutt'oggi a discutere su questi due problemi.

Le soluzioni che noi azzardiamo sono le seguenti:
Il quadro cronologico e geografico nel quale gli evangelisti hanno plasmato i materiali che avrebbero utilizzato con molta disinvoltura, è un quadro che corrisponde ad una logica teologica e non puramente storica, ma istintiva, anche se disegnata sul Messia, è senza dubbio dettata dalla frequentazione col maestro di Gesù: Giovanni Battista, quindi non molto obbiettiva ma di inequivocabile autenticità. Essi non hanno, però, tutti la medesima storia nel corso che da discepoli hanno seguito e ascoltato il verbo del Messia. Le parole isolate di Gesù, ben presto hanno preso posto nell'insegnamento cristiano.

Quanto ai racconti dei miracoli, essi sono entrati a far parte integrale ed integrante della costruzione lessico istituzionale del Vangelo di Marco, che egli li aveva raccolti dagli ambienti popolari della Galilea del nord-est, che aveva beneficiato delle attività teologiche.

Sui documenti che abbiamo a disposizione, da una parte sono relativamente vari e di utilizzo non complicato, e dall'altra parte di utilizzazione estremamente difficoltosa, perché il più delle volte le testimonianze che abbiamo a disposizione sono contraddittorie. Di conseguenza possiamo immaginare come il più qualificato biografo si possa trovare disarmato, qualora non possegga la infaticabile pazienza che deve avere un critico letterario, è proprio questo il motivo principale di tanti insuccessi sia dei più esperti teologi che di quei critici che hanno avuto la pretesa di scrivere la *Vita di Gesù.* Anche noi abbiamo questa pretesa, ma andremo a leggere tra le righe degli storici più qualificati e sopratutto nei testi dei Vangeli. Quindi quello che scriveremo non è solo farina del nostro sacco. Noi ci limiteremo a seguire i testi riportando gli avvenimenti, così come ci vengono raccontati, seguiti da un nostro personale commento.

Crediamo che l'ambiente storico nel quale si è svolta la vita di Gesù non è poi così noto, almeno quanto sarebbe auspicabile. Comunque sia, è più conosciuto di quello della maggior parte delle provincie Romane del I° secolo, che tutt'oggi hanno presso che una vasta zona d'ombra.

Pompeo nel 163 aC conquistò Gerusalemme, mettendo fine all'indipendenza ebraica, aveva integrato la Palestina all'Impero Romano. La nuova dinastia palestinese fondata da Antipatro, morto nel 43aC e consolidata da suo figlio Erode il Grande, non poté sfuggire al protettorato di Roma. La Palestina ai tempi di Gesù era una delle tante provincie dell'Impero Romano, ed era un paspartut indispensabile per la comunicazione tra l'Egitto e la Siria. I Romani erano costretti a sorvegliare le frontiere con le loro legioni per la minaccia militare dei Parti, inoltre nel loro Impero c'era una importante e influente colonia ebraica che aveva in passato preteso di dominare la Palestina. Questo spiega perché, dopo la morte di Erode il Grande, 4 aC, i Romani non abbiano voluto lasciare che sussistesse il regno della Palestina, che solo Agrippa I° ricostituirà. Poi a partire dall'anno 6 dC, Roma è ricorsa all'amministrazione diretta per la pianura costiera e per il retroterra della Giudea e della Samaria, ad esse dopo il 44, si aggiunse la maggior parte del nord e dell'est della Palestina. Il duro e corrotto dominio dei procuratori, che dipendevano direttamente da Roma, non lasciavano troppa libertà agli indigeni, ma rispettavano comunque la religione del paese e si appoggiavano all'aristocrazia locale, ciò si spiega perché il dominio di Roma si sia mantenuto senza troppi affanni per tanto tempo. La resistenza dei partigiani, guidati da Giuda il Giudeo fu un fatto isolato.

La situazione cominciò a peggiorare dal 14, sotto Augusto che cacciò gli ebrei da Roma, fino alla ribellione del 66, sotto l'Impero di Nerone, che sfogò nella guerra e la sconfitta definitiva degli ebrei della Palestina e con la liquidazione di ogni velleità nazionalistica nelle colonie ebree che erano sparse per tutto L'impero, al tempo in cui Gesù svolgeva la sua attività in Palestina. La situazione politica era relativamente calma, nonostante gli abusi ai quali si abbandonava il procuratore Ponzio Pilato, il quale prese il potere nel 26, poi nel 36 fu licenziato da Tiberio, che lo accusò di essere estremamente feroce e perverso.

La dominazione Romana lasciava sussistere una certa autonomia locale, anche della libertà che Erode Antipa e Filippo potevano godere nell'amministrare liberamente, l'uno la Galilea e Perea, l'altro la regione ad est del lago di Tiberiade. D'altra parte i paesi abitati solo dagli ebrei, erano amministrati dai Sinedri (*sunedrion sinedrio*) che avevano sede nelle località principali, tra le quali Gerusalemme esercitava una particolare autorità su tutti i settori. Questi sinedri in cui l'aristocrazia locale si divideva il potere con i legisti, assicuravano l'ordine amministrativo e la giustizia, secondo il diritto giudaico ed in più erano responsabili della riscossione delle imposte dirette. La riscossione delle imposte indirette era affidata in appalto ai pubblicani romani, per niente graditi, perché per riscuotere le tasse, alle quali spettava una percentuale, abusavano spesso del potere conferitogli dall'Imperatore.

Le numerose città, per la verità, erano grossi borghi abitati prevalentemente da agricoltori. Vere e proprie città erano Cesarea e Gerusalemme, con la loro funzione economica, Il grande commercio internazionale, con un'amministrazione funzionale e attività economiche. Per quanto riguarda Cesarea, era popolata da una grossa concentrazione di artigiani e di piccoli commercianti, mentre a Gerusalemme si concentrava la classe dirigente. L'amministrazione dei Siri e il ritorno degli Ebrei Liati dalla Mesopotamia, avevano ben presto favorito il diffondersi dell'aramaico a spese della lingua ebrea che era quasi sparita del tutto se non negli ambienti religiosi e tradizionali. L'insediamento di immigrati che parlavano greco, sia pagani che ebrei avevano favorito anche una buona base alla diffusione del greco in Palestina, che era la lingua parlata dall'aristocrazia Romana.

Erano frequenti gli scontri tra giudei e samaritani, in certi casi raggiungevano proporzioni notevoli, fino a rendere necessarie le truppe romane, per disperdere i conflitti con le armi. Tuttavia, i rapporti tra le due religioni erano abbastanza stretti, in quanto adoravano lo stesso Dio, secondo le regole molto vicine a quelle dei giudei e accettavano il Pentateuco come libro sacro. Gli ebrei, però, erano profondamente attaccati al santuario di Gerusalemme per accettare che ve ne fosse un altro samaritano, a meno di due giorni di cammino e che Erode stesse facendo i lavori per ampliarlo. Così Erode il Grande, che era sensibile a questo, lasciò in abbandono il tempio samaritano e intraprese i lavori dell'ampliamento di quello di Gerusalemme, iniziando la sua costruzione maestosa e sfarzosa, a partire dall'anno 19 aC.
A lavori finiti, il tempio aveva dimensioni veramente

imponenti: Il perimetro misurava circa 1380 metri, il doppio dell'Acropoli di Atene, i muri di sostegno raggiungevano un altezza superiore ai 40 metri, la cinta del lato interiore era circondata da vasti portici, il più lungo dei quali, detto *Portico Reale* copriva una superficie di 8.000 metri quadrati. Lungo il muro meridionale si radunavano i mercanti del Tempio, dove Gesù, con i suoi, si affannò a cacciarli. Al centro dell'immensa corte, nota come *il Cortile dei Gentili* si innalzava il santuario, un'imponente costruzione di 50 metri d'altezza, tutto circondato da cortili e sopraelevato di parecchi metri rispetto al Cortile dei Gentili. La sua cupola, da qualsiasi punto la si guardi, o dal monte degli ulivi a est, o dal Gareb a ovest o dal fondo della valle Geenna a sud o dalla sommità delle mura del Solimano il Magnifico a nord, la cupola, appare splendidamente isolata, sempre rifulgente colpita dai raggi del sole è aperta ad ogni sguardo che la contempli, eppure misteriosamente compatta nel suo aspetto, simile ad un forziere antico che già con la ricchezza esteriore degli ornamenti faceva sognare gli innumerevoli tesori che erano racchiusi al suo interno. Non è possibile pensare a Gerusalemme, cinta dentro le sue mura e perciò detta *La Vecchia,* senza vedere il profilo perfetto della cupola dorata, che segue chiunque la guardi da ogni parte in cui vi si sposti e sembra suggerire ad ogni momento una considerazione più alta e più profonda. Dopo averla vista e visitata da lontano e da vicino, si può capire il suo fascino misterioso che attrae e ammalia tutti. Certo, nel corso degli anni la cupola cambiò la sua fisionomia e il suo emblema che recava alla sua sommità: Dal 1099 al 1187 i crociati vi innalzarono la croce, trasformando il tempio in una chiesa che chiamarono *Tempium Domini.* Ma proprio nel 1187 il sultano Saladino dopo aver conquistato Gerusalemme vi aveva riportato la mezzaluna che da quel giorno ancora oggi svetta sulla cupola. All'interno la prima impressione è data dalle due file di pilastri e colonne che finiscono con una forma ottagonale. I marmi policromi, sapientemente alternati fra loro, il rivestimento delle pareti, le colonne monolitiche e snelle rivestite da variopinte pietre antiche, i mosaici e gli stucchi che avvolgono con i loro arabeschi tutto l'interno della cupola in un gioco di ori, di verdi e di azzurri che muta continuamente secondo la luce che li investe, le vetrate che filtrano una luce multicolore, così dolce da produrre una penombra iridata, come soltanto nei sogni è possibile ammirare. In questo luogo magico avvezzo alla preghiera, che diventa un sospiro un bisbiglio all'unisono, lieve senza far accorgere che essa sgorga dal cuore, senza alcuna fatica ne pregiudizio, perché il monumento è il più suggestivo del mondo eretto solo per pregare. Al centro del santuario c'è la nuda roccia, quella che è all'origine di tutto il Tempio. Una volta era circondata da una cancellata in ferro battuto, che misero in opera i crociati, ora è recintata da una semplice balaustra di legno, che la difende fin dal 1196. In questo luogo, storia e leggenda si intrecciano con un caleidoscopio di fantasie: Qui Abramo avrebbe acceso il fuoco per immolare Isacco. Su questa roccia sorse l'altare degli olocausti nel Tempio di Salomone e attorno ad essa si radunarono i Giudei a piangere la rovina del Tempio dopo la sua distruzione da parte dell'esercito persiano, comandato da Ciro, che conquistò la città . Qui pregò Maometto che era giunto a cavallo che gli fu regalato dall'Arcangelo Gabriele, da qui egli partì verso il cielo e anche la roccia stava per seguirlo, ma fu fermata sempre da Gabriele, che vi lasciò l'impronta della sua mano, con la quale la bloccò. Su questa roccia nel giudizio universale Dio collocherà il suo trono.

Abbiamo la testimonianza dei Vangeli che ci forniscono, anche se sommariamente, elementi adatti alla ricostruzione della tipologia di Gerusalemme, di come si presentava a quei tempi. Proprio dalla narrazione evangelica è possibile desumere, dalle fondamentali ricostruzioni storiche, il luogo dove venne crocifisso Gesù, in ebraico si chiama *Golgota,* che in italiano significa *Cranio,* esso si trova fuori le mura della città; nel suo Vangelo Giovanni ci dice che Gesù:

"...uscì dalla città, e venne portando la croce al luogo detto Golgota",

Riservato alle esecuzioni capitali, per rassomigliare ad un cranio, non solo doveva essere elevato rispetto al terreno circostante, ma aveva una forma tondeggiante. Li vicino c'era un giardino dove c'era un sepolcro:

"In quel posto dove lo crocifissero, c'era un giardino, e nel giardino un sepolcro nuovo, in cui nessuno era mai stato deposto. Li, per la Parasceve, (che era il venerdì Santo) *poiché il sepolcro era vicino, deposero Gesù"*

E li non fu mai ritrovato, perché secondo la leggenda egli il terzo giorno risorse e salì al cielo a fianco di suo Padre.

Costantino I il Grande, nato a Nissa 280-337 dC Imperatore dell'Impero romano d'oriente, l'impero bizantino, dal 306 al 337. Prima della battaglia al ponte Milvio presso Roma, dove sconfisse Massenzio, secondo la leggenda avrebbe avuto l'apparizione della croce col motto *"In hoc signo vinces"* (Con questo segno vincerai). Nel 313 emanò a Milano un editto che concedeva la libertà di culto ai cristiani. Nel 335, trasportò la capitale dell'Impero a Costantinopoli, da lui costruita sulle rovine della vecchia Bisanzio. Venne poi battezzato in punto di morte dal vescovo Eusebio dando inizio all'Impero bizantino. Infine, a Gerusalemme, aveva preso la decisione di isolare dal monte Golgota la tomba di Gesù, e di modificare in tal modo, per sempre, la fisionomia del luogo, egli voleva esprimere un concetto nuovo, che non si trova in precedenza in nessun edificio o opera d'arte, per la prima volta nella storia dell'umanità, una tomba non viene considerata con un ingresso al buio, un mondo sotterraneo dei morti, luogo di tenebre e di desolazione, ma l'ingresso a un mondo nuovo, da cui si propaga luce che doveva illuminare tutto il mondo e alla quale si devono rivolgere tutti gli uomini per avere nuove certezze. Era perciò necessario che l'edificio esprimesse plasticamente questo pensiero, ponendosi come manifestazione di un modo diverso di concepire la tomba. Un modo diverso di concepire la cristianità. Così nasce il Santo Sepolcro. Folle immense di pellegrini affluirono a Gerusalemme da ogni parte, sopratutto in occasione delle grandi feste annuali. La Pasqua e la Pentecoste in primavera e la festa delle Tende alla fine dell'estate. I pellegrini erano molto numerosi durante la Pasqua e i rischi di disordini facevano mobilitare i militari romani. Nel medio Evo i Papi indirono 8 crociate per conquistare Gerusalemme e il Santo Sepolcro, che costò la vita a circa 1.800.000 morti.

Il culto contraddistinto dall'esecuzione di numerosi sacrifici di animali, aveva un posto centrale nella religione ebraica. Ogni buon ebreo doveva prendervi parte almeno nell'occasione delle grandi feste. Tuttavia l'"importanza sempre più crescente dello studio e dell'applicazione di un nuovo gruppo professionale, quello degli Scribi o dottori della legge e di una nuova istituzione religiosa, quella della Sinagoga, dove gli Scribi si dedicavano alla trasmissione della legge scritta e all'interpretazione tradizionale che a poco a poco si era costituita intorno al testo sacro. Si circondavano di discepoli che passavano molti anni presso di loro e avevano, nei loro riguardi, un profondo rispetto, li chiamavano: *Padri, Guide o Rabbini,* vale a dire maestri. I Rabbini, molti dei quali erano di origine sacerdotale, si raggruppavano tra di loro per affinità, legati al partito dei Sadducei, avevano una posizione conservatrice in materia di fede. Altri accordavano una maggiore importanza alla interpretazione tradizionale e mostravano apertamente il loro desiderio di far entrare la legge nella vita quotidiana, la maggior parte di questi erano legati al partito dei Farisei, che formava all'epoca di Gesù l'élite religiosa del popolo ebraico

La religione popolare, aveva qualche difficoltà ad inserirsi nel quadro abbastanza rigido del culto del Tempio e delle riunioni nella Sinagoga. Le nostre conoscenze in proposito sono scarse. Senza dubbio, però, la demonologia e il gusto per il meraviglioso, vi giocano una funzione importante, come dal racconto dei miracoli nei Vangeli, come anche è certo che la massa degli ebrei attendeva un Messia che risollevasse la nazione e fosse apportatore di un periodo di pace, di indipendenza e di prosperità, una prefigurazione gloriosa del quale era stato il regno di Davide. Così si moltiplicarono i sedicenti Messia che predicavano miracoli e si dichiaravano distruttori dei romani, ma subito venivano rapidamente sconfitti senza che avessero la possibilità di muovere un dito.

Marco e Giovanni, nei lori Vangeli trascurano o quasi l'infanzia e la giovinezza di Gesù Cristo. Così ad esempio ne parla Matteo:
"Essendo Gesù nato a Betlemme di Giudea ai giorni del re Erode, ecco, degli astrologi vennero da luoghi orientali a Gerusalemme, dicendo: "Dov'è il nato il re dei Giudei? Poiché vedemmo la sua stella quando eravamo in oriente e siamo venuti a rendergli omaggio". Udito ciò, il re Erode si agitò, e con lui tutta Gerusalemme; e, radunati tutti i capi sacerdoti e gli scribi del popolo, domandava loro dove doveva nascere il Cristo. Essi gli dissero: "A Betlemme di Giudea; poiché così è stato scritto dal profeta: E tu, Betlemme del paese di Giuda,

non sei affatto la più insignificante città fra i governatori di Giuda; poiché da re verrà un governante che pascerà il mio popolo, Israele" Quindi Erode chiamò in segreto gli astrologi e si fece dire accuratamente il tempo della comparsa della stella; e, mandandoli a Betlemme disse: "Andate a fare un'attenta ricerca del fanciullino e quando l'avrete trovato fatemelo sapere, affinché io pure vada a rendergli omaggio" Udito il re, essi se ne andarono; ed ecco, la stella che avevano vista quando erano in oriente andava davanti a loro, finché si fermò sopra il luogo dov'era il fanciullino. Vedendo la stella si rallegrarono moltissimo. Ed entrati nella casa videro il fanciullino con sua madre Maria, e prostratisi gli fecero omaggio. E aperti i loro tesori, gli offrirono dei doni, oro, olibano e mirra. Comunque, avendo ricevuto in sogno il divino avvertimento di non tornare da Erode, si ritirarono nel loro paese per un altra via. Dopo che essi si erano ritirati, ecco l'angelo di Geova apparve in sogno a Giuseppe, dicendo: "Alzati, prendi il fanciullino e sua madre e fuggi in Egitto, e restaci finché non te ne faccia parola: perché Erode sta per cercare il fanciullino per distruggerlo". Ed egli si alzò e prese di notte il fanciullo e sua madre e si recò in Egitto, e vi restò fino alla morte di Erode, affinché si adempisse ciò ch'era stato dichiarato da Geova per mano del suo profeta, dicendo: "Fuori d'Egitto ho chiamato mio figlio". Quindi Erode, vedendo che gli astrologi lo avevano ingannato, si adirò grandemente, e mandò a sopprimere tutti i fanciulli di Betlemme e di tutti i suoi distretti, dall'età di due anni in giù, secondo il tempo del quale si era accuratamente informato dagli astrologi. S'adempì quindi ciò che era stato dichiarato dal profeta Geremia, dicendo: "In Rama si udì una voce, pianto e gran lamento; era Rachele che piangeva i suoi figli, e non voleva esser confortata, perché essi non sono più. Essendo deceduto Erode, ecco, l'angelo di Geova apparve in sogno a Giuseppe in Egitto, *dicendo: "Alzati e prendi il fanciullino e sua Madre e vattene nel paese d'Israele, perché quelli che cercavano l'anima del fanciullino son morti". Quindi egli si alzò, prese il fanciullino e sua madre ed entrò nel paese d'Israele. Ma udito che Archelao regnava in Giudea, invece del padre Erode, Ebbe timore di andarvi. Inoltre ricevuto avvertimento divino in sogno, si ritirò nel territorio della Galilea, e venne ad abitare in una città detta Nazareth, affinché s'adempisse ciò ch'era stato dichiarato dai profeti: "Egli sarà chiamato Nazareno".*

Si tratta della famosa *"Strage degli innocenti"*

Gli Evangelisti, ci danno poche delucidazioni sulla infanzia di Gesù poche testimonianze. Alcuni approfondimenti, in particolare relativamente a nascita, infanzia e giovinezza di Gesù, sono presenti anche nei Vangeli Apocrifi. Questi particolari tuttavia non sono riconosciuti dagli studiosi come storicamente fondati, sebbene abbiano influenzato più o meno ampiamente la tradizione artistica e devozionale cristiana. Secondo il racconto del Vangelo di Luca, una vergine di nome Maria, promessa sposa a Giuseppe, discendente del Re Davide, ricevette a Nazaret di Galilea, al tempo di Re Erode una visita dell'Arcangelo Gabriele, che le annunciò il concepimento di Gesù. Nel Vangelo di Matteo, invece, il concepimento verginale di Maria è solo fugacemente accennato, mentre il protagonista è Giuseppe, che riceve da un angelo la rivelazione del concepimento soprannaturale di Maria. Sia Matteo che Luca collocano la nascita di Gesù a Betlemme in Giudea, al tempo di Erode. Mentre Matteo vi dedica un breve accenno, Luca sviluppa la narrazione motivando il viaggio di Giuseppe e Maria da Nazaret a Betlemme con un censimento indetto da Augusto. Questo non è esatto, perché non fu Augusto a programmare il censimento, ma il tribuno Quirino. (San Quirino Martire)

Non si conosce con esattezza la data di nascita di Gesù. La data tradizionale del Natale al 25 dicembre è tardiva ed ancora più tardiva è la datazione dell'anno 1, Queste date, risalgono al IV secolo, in quanto sono risalenti al Monaco Dionigi il Piccolo. Secondo la maggior parte degli studiosi contemporanei, la nascita va collocata negli ultimi anni di re Erode il Grande, attorno al 7-6 aC; verosimilmente l'evento può collocarsi all'epoca della centonovantaquattresima Olimpiade, nell'anno 752 dalla fondazione di Roma e nel quarantaduesimo anno dell'impero di Cesare Ottaviano Augusto. Mentre, i Vangeli, di Marco e Giovanni ci mostrano Gesù con maggiori espressioni nell'entrata nella vita pubblica che viene confermata e conforme alla maniera in cui la vita del Messia era evocata nella predicazione missionaria più antica. Mentre negli altri due Vangeli canonici quelli di Matteo e di Luca, e molti altri apocrifi, anche di epoca più tarda, ci fanno conoscere un certo numero di leggende relative alla nascita e all'infanzia di Gesù. Le profonde divergenze tra Matteo e Luca, rivelano che tali leggende non hanno alcun fondamento e sono prive di valore storico, nonostante la loro bellezza poetica, restano solo leggende e basta. Tuttavia questi racconti meritano l'attenzione, sopratutto quando esse confermano note provenienti da altre fonti. Così come la data della nascita di Gesù che è molto incerta, può essere dedotta da indicazioni contenute in quei passi leggendari di Matteo e di Luca. Se Gesù aveva circa trentanni quando fu battezzato da Giovanni Battista, la sua nascita deve essere posta un poco prima della data dell'era cristiana che il monaco Dionigi il Piccolo, (San Dionigi, apostolo della Gallia, fu il primo Vescovo di Parigi nel IV secolo) con poca attenzione data la nascita nel VI anno aC. Se il censimento di Quirino (San Quirino, tribuno Romano martire) coincide con questa nascita non può essere che datata nell'anno IV aC. Se un fenomeno astrale eccezionale è avvenuto al momento della nascita di Gesù, ciò è accaduto sicuramente nell'anno IV aC. Anni durante i quali, gli astronomi cinesi hanno notato le apparizioni di alcune comete. Quindi la data del IV aC è la sola che sia compatibile con queste indicazioni. Le due genealogie di Matteo e Luca, malgrado le loro divergenze e il carattere artificiale, confermano che Gesù era nato in una famiglia il cui capo vantava le discendere da Re Davide. La denominazione di *Figlio di Davide*, attribuita a Gesù, a più riprese nella tradizione sinottica nella letteratura cristiana del I° secolo non potrebbe avere altra origine. Così, sempre Matteo e Luca, circa il mistero che circonda la nascita di Gesù, danno due versioni diverse e chiaramente leggendarie, ma i due passi si accordano tra di loro e con altri nell'attestare che Gesù era figlio di Maria ma non di Giuseppe, che Maria sposò in seguito e divenne il padrigno di Gesù. Così ci racconta Matteo sulla nascita del Messia:

"Ma la nascita di Gesù Cristo avvenne in questo modo. Nel tempo in cui sua madre Maria era promessa sposa a Giuseppe, fu trovata incinta per opera dello Spirito Santo, prima che si unissero. Comunque, Giuseppe suo marito essendo giusto e non volendo farne un pubblico spettacolo, intendeva divorziare segretamente da lei. Ma dopo aver pensato a queste cose, ecco, l'angelo di Geova gli apparve in sogno dicendo: "Giuseppe, figlio di Davide, non temere di condurre a casa tua moglie Maria, perché ciò che è stato generato in lei è dello Spirito Santo. Ella porterà un figlio e tu dovrai mettergli nome Gesù, poiché egli salverà il suo popolo dai loro peccati. Tutto questo effettivamente accadde, affinché si adempisse ciò che era stato dichiarato da Geova per mezzo del suo profeta dichiarò:" Ecco, la vergine sarà incinta e partorirà un figlio, sarà posto nome Emmanuele" (Tradotto significa "Con Dio" *Quindi Giuseppe si svegliò dal suo sonno e fece come l'angelo di Geova gli aveva prescritto, conducendo sua moglie a casa. Ma egli non ebbe*

rapporti con lei finché partorì un figlio; e gli mise nome Gesù.

Ci dobbiamo attenere alla spiegazione teologica che attribuisce la paternità di Gesù allo Spirito Santo, ma ad essere sinceri siamo molto scettici su questo fatto, con tutta la buona volontà, senza essere blasfemi, siamo razionalmente e umanamente convinti che il racconto sia solo e nient'altro che una mistica leggenda, a cui solo i più pii credenti possono dar credito. Probabilmente anche la storia messa in giro dagli ebrei, che Gesù sia figlio di un certo Panthera, soldato romano, ci pone davanti un enigma, la cui soluzione non sarà sicuramente mai trovata.

L'incertezza regna anche sul luogo della nascita di Gesù a Betlemme, citato da Matteo e Luca non è mai menzionato altrove. Nel nuovo Testamento è accertato che questa località non aveva niente a che fare con Gesù. Inoltre essendo Betlemme la città di Davide, l'utilizzazione di questo nome nelle leggende relative a un figlio di Davide, si spiegherebbero anche in mancanza di qualsiasi ricordo storico che leghi la nascita di Gesù a questo villaggio della Giudea. Tuttavia non possiamo scartare la possibilità che Gesù sia nato lontano dalla casa di Maria e del padre legale, forse anche a Betlemme. Comunque, come stiano esattamente le cose, è però certo che Gesù abbia passato la sua infanzia in un oscuro sobborgo della galilea, a Nazareth e quasi certamente anche la sua giovinezza. Egli è vissuto come un bambino giudeo in mezzo ai giudei, anche il nome che gli fu dato, *Jshua,* in greco *Jésous,* era un nome ebraico molto comune tra gli ebrei di allora che un tempo è stato portato da Giosuè, successore di Mosè alla testa del popolo di Israele il cui significato è *Dio è Salvezza.*

Giuseppe, padre legale di Gesù, era carpentiere, falegname e muratore ed insegnò il mestiere al figliastro. Essendo già vecchio, quando sposò Maria, probabilmente egli morì prima che Gesù facesse il suo debutto pubblico e Maria gli sopravvisse per molto tempo.

Gesù aveva sorelle di cui non conosciamo i nomi e quattro fratelli di nome, Giacomo, Giuseppe, Giuda e Simone. Si è parlato molto della relazione di Gesù con Maria Maddalena. I vangeli canonici e le altre opere neotestamentarie non fanno alcuna menzione di una sposa di Gesù o di suoi figli. La tradizione cristiana lo ha pertanto considerato celibe. Questa convinzione trova inoltre riscontro nel suo stile di vita di predicatore itinerante. Alcuni studiosi hanno però rilevato come la scelta al celibato di Gesù si ponesse in contrasto con l'ambiente giudaico del tempo, dove erano esaltati matrimonio e fecondità. In realtà, forme di celibato erano praticate nel gruppo degli esseni. Particolarmente significativi, in relazione a Gesù e alla religiosità del suo tempo, sono anche i riferimenti biblici al celibato di Geremia e quello, documentato nella tradizione ebraica, dell'astinenza praticata da Mosè dopo essere stato chiamato per la sua missione.

Diverse opere letterarie e cinematografiche si sono comunque di recente ispirate all'idea di una relazione con Maria Maddalena, ipotizzata anche da alcuni studiosi. Lo spunto è offerto dell'apocrifo gnostico del vangelo secondo Filippo, II-III secolo, che nei capitoli 32 e 55, sembra accennare a un amore tra Gesù e la Maddalena. Nel testo, entrambi sono descritti come l'incarnazione di eoni divini (Soter e Sofia), e dalla loro unione sarebbero derivati gli angeli: il senso dei passi viene comunque generalmente interpretato come un'elaborazione successiva dovuta alla teologia gnostica, vista anche la genesi degli angeli.

Gesù era un artigiano e senza dubbio aveva una certa istruzione, sapeva comunque leggere, parlava oltre che l'aramaico, sua lingua naturale, anche un poco di ebraico e di greco, lingue che allora erano parlate da alcune regioni della Palestina. Non pare che sia stato allevato dai rabbini, la sua vita religiosa non è dato a sapersi, ma deve aver partecipato attivamente alla vita della sinagoga di Nazareth. Sappiamo che, come tutti gli ebrei era circonciso.

La leggenda del suo pellegrinaggio al Tempio, avvenuto quando aveva solo quaranta giorni, non è del tutto inverosimile, ciò confermerebbe che la sua famiglia praticasse un giudaismo di stretta osservanza. Non abbiamo alcuna documentazione storica sulla conferma che Gesù aderisse all'una o all'altra corrente all'interno del popolo ebraico.

Non abbiamo trovato indizi per confermare che Gesù abbia viaggiato molto o spesso, abbandonato il suo villaggio prima della predicazione, anzi egli probabilmente, nella sua giovinezza, ha avuto una vita sedentaria, mantenendo la famiglia dopo la morte di Giuseppe. Non si conosce affatto la fisionomia di Gesù, dal momento che non possediamo alcun ritratto contemporaneo ne una descrizione letteraria. Il sudario di Torino, la così detta Santa Sindone, non sappiamo con precisione se è autentica, almeno secondo le recenti documentazioni relative alla ricerca scientifica effettuata col carbonio, la quale stabilisce che la Sindone risale al Medio Evo. Quindi nulla ci dice sui lineamenti del volto di Gesù. Quanto ai ritratti antichi come quelli della Cappella greca, della catacomba di Priscilla a Roma, risalgono al massimo alla metà del II° secolo, ed altri di questo tipo, non sono che convenzionali rappresentazioni che non si basano su nessun modello contemporaneo, visto che gli ebrei non ammettevano riproduzioni della figura umana. In ogni caso le immagini sacre che ci mostrano un Gesù biondo con gli occhi azzurri e sicuramente fantasiosa, in quanto egli era giudeo e come tale non doveva assolutamente corrispondere alle icone che la chiesa ci ha dipinto.

Verso i trentanni, Gesù subì un radicale cambiamento. I quattro Vangeli e i riassunti della predicazione apostolica, relativa al Nazzareno, concordano nell'indicare l'inizio di questo nuovo periodo nell'incontro con Giovanni Battista. Matteo scrive:

"In quei giorni Giovanni Battista venne a predicare nel deserto della Giudea dicendo: "Pentitevi perché il regno dei cieli si è avvicinato": Questi è infatti colui del quale parlò il profeta Isaia con queste parole: "Ascoltate! Qualcuno grida nel deserto: Preparate la via di Geova! Rendete diritte le sue strade". Ma questo Giovanni aveva un abito di pelo di cammello e una cintura di cuoio intorno ai lombi: e il suo cibo erano locuste e miele selvatico. Quindi Gerusalemme, tutta la Giudea e tutto il paese intorno al Giordano se ne andavano da lui, ed erano da lui battezzati nel fiume Giordano, confessando apertamente i loro peccati. Avendo scorto molti Farisei e Sedducei che venivano al battesimo, egli disse loro: "Progenie di vipere chi vi ha mostrato come fuggire dall'ira avvenire? Producete dunque frutto degno di pentimento; e non presumete di dire a voi stessi: per padre abbiamo Abramo. Perché io vi dico che Dio può suscitare figli ad Abramo da queste pietre. Già la scure è posta alla radice degli alberi; ogni albero dunque che non produce frutto eccellente sarà tagliato e gettato nel fuoco. Io, da parte mia, vi battezzo con acqua a causa del vostro pentimento; ma colui che viene dopo di me è più forte di me e io non son degno di lavargli i sandali. E vi battezzerà con spirito santo e con fuoco. la sua pala per ventilare è nella sua mano, ed egli pulirà completamente la sua ala, e raccoglierà il

suo grano nel deserto, ma arderà la pula col fuoco che non si può spegnere". Gesù venne quindi dalla Galilea al Giordano da Giovanni per esser battezzato. Ma questi cercava d'impedirglielo, dicendo: "Son io che ho bisogno d'esser battezzato da te, e tu vieni a me? Rispondendo Gesù gli disse: "Lascia fare, questa volta, perché conviene che adempiamo in questo modo tutto ciò che è giusto" Quindi egli cessò d'impedirglielo. Ed essendo stato battezzato, Gesù uscì immediatamente dall'acqua; ed ecco i cieli si aprirono ed egli vide lo spirito di Dio scendere come una colomba e venire su di lui. Ed ecco, vi fu una voce dai cieli che disse: "Questo mio Figlio, il diletto che io ho approvato".

Giovanni Battista ci appare come avversario di Gesù che poi diventò il suo erede. Nato di sicuro prima di lui, questo asceta del deserto, ha avuto certamente dei contatti con gli Esseni, anche se non ha mai aderito alla loro setta, però condivideva con loro la convinzione che era prossima la fine del mondo. Citando il *Talmut*, di San Agostino *(De Civitate)* per secoli si è creduto che l'età della terra, dalla creazione del mondo fosse di seimila anni. L'antica tradizione sembra trarre la sua prima origine dalla Bibbia, cioè la *Genesi,* dove è scritto:

"E il settimo giorno Dio si riposò".

Ciò viene avvalorato dall'epistola di San Barnaba apostolo, che così viene espressa:

"In sei giorni, cioè in seimila anni, sarà consumato l'universo."

Anche San Ilario diceva che:

"Come il mondo fu fatto in sei giorni, così pure in sei millenni sarà consumato"

I santi calcolarono all'uso giudaico il tempo: Quattromila anni prima della nascita di Gesù, duemila anni è l'era cristiana fino ad oggi, quindi i seimila anni che sono stati previsti sulla durata del mondo scadono proprio in questo millennio. Anche i Maya avevano predetto che la fine del mondo sarebbe avvenuta nell'anno 2000, che naturalmente non è avvenuta, anche se c'è tempo, perché il 2000 finisce nel 2999. In ogni caso ai tempi di Gesù, secondo i calcoli della misura del tempo ebraico, erano passati solo 4000 anni, quindi per la fine del mondo ne mancavano altri 2000, cioè fino i nostri tempi. Quindi Giovanni Battista, in ogni caso era in anticipo di 2000 anni. Comunque, queste affermazioni non vennero mai accettate dalla chiesa. E non vengono accettate neanche da noi. Anche se l'opinione dei Millenari trovò sostenitori anche dai padri della chiesa. Essi ritenevano che Gesù Cristo regnerà sulla terra per mille anni, fino la fine dei tempi, prima della resurrezione generale. I Millenari, furono detti anche Chiliasti, che in greco vuol dire migliaio. Essi insegnavano che alla prima resurrezione avrebbero partecipato soltanto i giusti, che sarebbero stati i soli partecipi al regno dei mille anni felici. Passato il regno del Millennio, il demonio assalirebbe i santi della Giudea, trascinando con se i popoli indicati sotto il nome di Gog e Magog. Una pioggia di fuoco farebbe patire gli infedeli Quindi verrebbe la resurrezione generale, a questa seconda resurrezione, farebbe seguito il giudizio universale e l'ascensione delle pene per i malvagi e il godimento per i giusti. *Mille e non più mille,* non si riferisce all'anno mille, ma semplicemente ad oggi. Questa è l'opinione di tutti coloro che sono convinti che i primi mille anni dopo Cristo sono trascorsi, ma non sono trascorsi gli altri mille. Così, il famoso detto, *mille e non più mille,* andrebbe riferito alla nostra epoca. In questi anni siamo giunti al compimento del..... *e non più mille.*   Noi viviamo oggi, ai tempi che l'Apocalisse chiama dell'apostasia, della ribellione e degli anticristi che caratterizzano l'ultima ora. Dopo di che sarà la fine, l'Armaggedon, cioè la fine di tutte le cose. Ma quando avverrà questo?

Secondo il Vangelo di Luca, Gesù iniziò il suo ministero

pubblico di predicazione quando aveva circa trent'anni. La datazione storica dell'inizio della sua attività (come anche la durata) non ci è nota con precisione. Luca colloca l'inizio del ministero di Giovanni il Battista, nel quindicesimo anno dell'imperatore Tiberio, ovvero verso il 28 dC. L'inizio del ministero di Gesù è presentato come immediatamente successivo a quello del Battista, e può pertanto essere ipotizzato per il 28 dC. La stessa data può essere ipotizzata sulla base di un diverso accenno evangelico: il Tempio di Gerusalemme la cui costruzione fu iniziata da Erode il Grande nel 19 aC, all'inizio del ministero di Gesù è detto *"costruito in 46 anni"* questo dunque daterebbe l'inizio della vita pubblica di Gesù al 27/28 dC.

Giovanni il Battista si rivolgeva, non a degli individui che cercava di allontanare dal loro ambiente d'origine, come facevano i Rabbini, ma alla massa che egli rimandava ben presto a vivere secondo le loro abitudini usuali. Egli aveva dato alla purificazione, per mezzo dell'acqua, un significato radicale al punto che il suo battesimo non poteva essere ripetuto, quindi costituiva un atto unico, che per grazia di Dio toglieva tutti i peccati. La documentazione relativa al Battista è così povera ed esigua, tolti alcuni passi dei Vangeli, che è quasi impossibile ricostruire la sua carriera. Comunque sia, non dobbiamo sottovalutare la figura di Giovanni Battista, riducendolo a semplice precursore di Gesù. In realtà egli fu un profeta di grande valore che annunciava un suo proprio messaggio e non si riconobbe che parzialmente nell'attività di Gesù. Ed è anche vero che contribuì al successo del Messia sulle folle.

Come molti altri dello stesso periodo, Gesù è accorso presso il profeta, dalla penitenza aperta a tutti, dal fatto che tutti accorrevano presso di lui e furono conquistati dalla sua predicazione. Gesù si fece battezzare da lui nel Giordano, questo avvenimento che poneva il Messia in posizione di subordinazione rispetto a Giovanni, ci è stato riferito, con molta preoccupazione dagli evangelisti Luca e Giovanni. Matteo invece ci mostra Gesù che incoraggia il Battista, che era intimidito da questa nuova recluta fuori dal comune, e tutti e quattro pongono l'accento sul miracolo che sarebbe accaduto subito dopo il battesimo. Il racconto di Marco è il più antico e il più chiaro. Marco rivela che il miracolo che accadde consisteva in una visione avuta da Gesù accompagnata da una dichiarazione che Dio gli fece, questa narrazione risale direttamente a Gesù ed è forse la sola che ci faccia conoscere l'intima esperienza religiosa del Messia. Bisogna quindi attribuire allo stesso Gesù il ricordo del suo battesimo da parte di Giovanni battista e ciò fa di questo episodio uno dei più certi della sua biografia. Da allora Gesù fu convinto che il battesimo gli aveva dato non soltanto la remissione dei peccati, ma anche la consapevolezza di essere il Figlio prediletto di Dio. Egli ebbe fino da allora, la certezza assoluta di essere un profeta ispirato, eletto da Dio per una straordinaria missione. I tre Vangeli sinottici affermano che Gesù, spinto dallo Spirito Santo si ritirò in meditazione nel deserto, dove fu tentato da Satana, dove vi rimase per quaranta giorni, senza mangiare. Questo dice il Vangelo secondo Matteo:

"Gesù quindi fu condotto dallo Spirito Santo nel deserto per essere interrogato dal Diavolo. Dopo aver digiunato per quaranta giorni e quaranta notti, ebbe fame. E il tentatore viene e gli dice: "Se tu sei figlio di Dio, di a queste pietre di diventare pagnotte di pane" Ma rispondendo egli disse "E' scritto: L'uomo non deve vivere di solo pane, ma di ogni espressione che esce dalla bocca di Geova" Il Diavolo lo condusse quindi nella città Santa, lo pose sul parapetto del tempio e gli disse: "Se tu sei il figlio di Dio, gettati giù: poiché è scritto: Egli darà

per te ordine ai suoi angeli, ed essi ti porteranno sulle loro mani, affinché tu non urti il piede contro una pietra" Gesù gli disse: "E' pure scritto: Non devi mettere alla prova Geova il tuo Dio". Di nuovo il Diavolo lo condusse su un monte insolitamente alto, e gli mostrò tutti i regni del mondo e la loro gloria. gli disse: "Ti darò tutte queste cose se ti prostri e mi fai un atto di adorazione" Quindi Gesù gli disse: "Va via Satana! Poiché è scritto: Devi adorare Geova il tuo Dio, e a lui solo devi rendere sacro servizio" Quindi il Diavolo lo lasciò, e vennero degli angeli e lo servivano."

Per la verità in questo non ci sarebbe nulla di sorprendente dal momento che il deserto, per gli ebrei, era nello stesso tempo il luogo dove si poteva immergersi in Dio e quello dove lo spirito maligno si insinuava nell'anima per tentare al male. Ma il racconto dell'incontro con Lucifero, viene riferito da Matteo e Luca, più che un carattere storico rivela molto della meditazione di Cristo. Mentre la breve narrazione di Marco si contenta di riassumere a modo suo la tradizione raccolta dagli altri due Evangelisti. Comunque questo episodio va preso col beneficio dell'inventario, in quanto non si conosce la data del fatto, poi dal momento che l'ordine degli avvenimenti adottati dagli Evangelisti è in questo caso, come anche in altri casi, puramente arbitrario.

Gesù dopo il battesimo non ritornò a casa ma restò insieme al Battista come suo discepolo, quindi da lui ricevette una formazione, facendo proprie alcune idee, ad esempio quella dell'imminenza del Giudizio Universale, quindi pentirsi dei propri peccati e battezzarsi significava ricevere il perdono di Dio. La durata di questo periodo di formazione non la sappiamo, forse qualche mese, se si da credito al quarto Vangelo. Seguì una fase nella quale Gesù battezzò egli stesso le folle per proprio conto. La separazione dal Battista certamente fu causata da qualche disaccordo tra i due profeti, ma ignoriamo la natura di questo disaccordo se mai ci fu. Molti compagni di Giovanni seguirono Gesù nel suo giro di predicazioni, folle intere si radunarono intorno al Messia, che predicava usando metafore, come ad esempio, ci riferisce Luca sul racconto che Gesù fece sul figliol prodigo:

"Un uomo aveva due figli. Il più giovane di loro disse al padre, dammi la parte dei beni che mi spetta. Ed egli divise fra loro i beni. Di li a poco, il figlio più giovane, messa insieme ogni cosa, partì per un paese lontano, e qui dissipò la sua sostanza, vivendo dissolutamente. Quando ebbe speso tutto in quel paese, venne una gran carestia ed egli cominciò a trovarsi nel bisogno. Allora si mise con uno degli abitanti di quel paese, il quale lo mandò nei suoi campi a pascolare i suoi maiali. Ed egli avrebbe voluto sfamarsi con i baccelli che i maiali mangiavano ma nessuno gliene dava. Allora rientrò in se, disse: Quanti servi di mio padre hanno pane in abbondanza e io qui muoio di fame! Io mi leverò e andrò da mio padre, e gli dirò: Padre, ho peccato contro il cielo e contro di te, non sono più degno di essere chiamato tuo figlio; trattami come uno dei tuoi servi. Egli dunque si alzò e tornò da suo padre; ma mentre egli era ancora lontano, suo padre lo vide e ne ebbe compassione, corse gli si gettò al collo e lo baciò e ribaciò. E il figlio gli disse: Padre ho peccato contro il cielo e contro di te, non son più degno di essere chiamato tuo figlio. Ma il padre disse ai suoi servi: Presto portate qui la veste più bella e rivestitelo, mettetegli un anello al dito e dei calzari ai piedi, portate fuori il vitello ingrassato, ammazzatelo, mangiamo e rallegriamoci, perché questo mio figlio era morto ed è ritornato. E si misero a far gran festa. Or il figlio maggiore si trovava nei campi e mentre tornava, come fu vicino a casa, udì la musica e le danze. Chiamò uno dei servi e gli domandò che cosa succedesse. Quello gli disse: E' tornato tuo fratello e tuo padre ha ammazzato il vitello ingrassato, perché lo ha riavuto sano e

salvo. Egli si adirò e non volle entrare. Ma egli rispose al padre: Ecco da tanti anni ti servo e non ho mai trasgredito un tuo comando; a me però non hai dato neppure un capretto per far festa con i miei amici. Ma quando è venuto questo tuo figlio che ha sperperato i tuoi beni con le prostitute tu hai ammazzato per lui il vitello ingrassato. Il padre gli disse: Figliolo tu sei sempre con me ed ogni cosa mia è tua; ma bisogna far festa e rallegrarsi, perché questo tuo fratello era morto ed è tornato in vita; era perduto ed è stato ritrovato."

Secondo i primi due Vangeli, l'arresto di Giovanni Battista, da parte di Erode Antipa, che fu fortemente voluto da Salomé (figlia di Erode Filippo e di Erodiade, dopo aver danzato per suo zio Erode Antipa, ottenne da lui in premio la testa di Giovanni Battista, il quale aveva biasimato l'unione dello zio con sua madre Erodiade.) Questo fatto sicuramente scaturì in Gesù un definitivo orientamento nella sua attività pubblica. Ritornò in Galilea e si dedicò con più lena alla predicazione itinerante, rinunciando a battezzare. Del suo precedente periodo, in Giudea, gli rimase oltre la vocazione iniziale, anche il grande rispetto per il suo maestro, Giovanni Battista. Alcuni, i quali furono stati suoi discepoli, seguirono il nuovo profeta per tutta la Galilea che fu chiamato col soprannome di Gesù il Nazzareno.

Da questa fase in poi, improvvisamente i Vangeli ci forniscono una maggiore e più dettagliata documentazione sull'attività di Gesù anche se contraddittoria. Ma questa ricchezza di notizie ci pone dei problemi piuttosto gravi, perché ci troviamo difronte un grande numero di episodi e di parole isolate che è molto difficile darle un ordine preciso, considerata la fragilità del quadro cronologico e geografico in cui ci proiettano i Vangeli, ciascuno a proprio modo, creando non poca confusione. I quattro Evangelisti oltre a fornire un quadro redazionale che si differenzia l'uno dall'altro notevolmente, c'è il fatto, che anche loro stessi hanno sia un modo di pensare, che una cultura dissimile. Ad esempio, Marco era più teologo, Giovanni più colto, Matteo più impulsivo e Luca era il più storico, quindi si può capire la diversa visione che avevano, tra loro, dei fatti che quasi mai concordano se non nell'affermare il carisma ed il fascino che Gesù spandeva tra la folla che lo ascoltava.

I Vangeli sinottici, narrano che una volta Gesù salì sul monte a pregare con Pietro, Giacomo e Giovanni. Gli apostoli erano oppressi dal sonno ma si ridestarono completamente quando videro che l'aspetto del volto di Gesù, mentre stava pregando, cambiò e che la sua veste divenne candida e sfolgorante. Subito dopo apparvero al suo fianco Mosè ed Elia, con i quali discorreva. Pietro, preso da spavento e non sentendo ciò che i tre profeti si stavano dicendo, suggerì di realizzare tre tende per i tre uomini, ma mentre stava parlando una nube li avvolse e sentirono una voce provenire da essa che disse:
"Questo è il mio Figlio prediletto, ascoltatelo".

Spesso si è cercato di individuare, nel periodo tra l'arresto di Giovanni e quello di Gesù, che verosimilmente accadde due anni o poco più dopo, un'evoluzione della crisi, delle svolte improvvise e di ripartire i materiali forniti dagli Evangelisti, così, essi finiscono di parlare dei successi ottenuti in Galilea seguiti a ruota dai fallimenti della Giudea, questi discordi pareri rendono la biografia di Gesù alquanto misteriosa e piena di contraddizioni, quindi ben lungi dalla certezza di ciò che veramente avvenne. Queste diverse ipotesi mostrano tutte il loro lato debole, dal momento che non tengono abbastanza conto delle condizioni nella quale la tradizione sinottica si è andata costruendo la sua strada. Tali condizioni fanno si che l'evoluzione psicologica di Gesù, dei discepoli o della folla che lo seguiva, sfuggiranno sempre dalla nostra comprensione. Allora, per evitare questo scoglio, senza rinunciare a dare un certo ordine ai dati forniti dai quattro Vangeli, dobbiamo indirizzarci verso un piano giuridico delle vicende di Gesù. Se si pensa che il breve percorso del profeta di Nazareth si è concluso drammaticamente con il suo arresto e la sua condanna a morte per crocifissione. Luca ci racconta l'arresto di Gesù:

"Dopo averlo arrestato, lo portarono via e lo condussero a casa del sommo sacerdote; e Pietro seguiva da lontano, Essi accesero un fuoco in mezzo al cortile, sedendovi intorno. Pietro si sedette in mezzo a loro. Una serva vedendo Pietro seduto presso il fuoco, lo guardò fisso e disse: Anche costui era con Gesù. Ma egli negò, dicendo: Donna, non lo conosco. E poco dopo, un altro lo vide e disse: Anche tu sei di quelli. Ma Pietro rispose: No, uomo: non sono dei loro. Trascorsa circa un ora un altro insisteva, dicendo: Certo, anche questi era con lui, poiché è Galileo. Ma Pietro disse Uomo, io non so quello che dici. E subito, mentre parlava ancora il gallo cantò. E il Signore, voltandosi, guardò Pietro; e Pietro si ricordò della parola che il Signore gli aveva detto: Oggi, prima che il gallo canti tu mi avrai rinnegato tre volte. E andato fuori, pianse amaramente. Gli uomini che tenevano Gesù, lo schernivano percuotendolo; poi lo bendarono e gli domandarono: indovina, profeta! Chi ti ha percosso? E dicevano molte altre cose contro di lui, bestemmiando. Appena fu giorno, gli anziani del popolo, i capi dei sacerdoti e gli scribi si riunirono e lo condussero nel loro sinedrio, dicendo: Se tu sei il Cristo diccelo. Ma egli disse loro: Anche se ve lo dicessi, non mi credereste; e se io vi facessi delle domande non mi rispondereste. Ma da ora in avanti il figlio dell'uomo sarà seduto alla destra della potenza di Dio. E tutti dissero: Sei tu dunque, il figlio di Dio? Ed egli rispose loro: Voi

stessi lo dite. E quelli dissero: Che bisogno abbiamo ancora di testimonianza? Lo abbiamo udito noi stessi dalla sua bocca."

Il racconto degli eventi che portarono alla morte di Gesù è riportato parallelamente dai quattro vangeli, seppure con alcune differenze ed aggiunte proprie. Dopo l'Ultima Cena, Gesù si recò nel podere chiamato Getsemani, sul monte degli Ulivi, poco fuori Gerusalemme, dove sostò in preghiera. Qui un gruppo di guardie del tempio (soldati ebrei agli ordini delle autorità Sadducee,) guidati dall'Apostolo traditore Giuda Iscarioca, arrestarono Gesù. In seguito, fu condotto da Anna, ex sommo sacerdote e suocero del sacerdote in carica, Caifa, i quali lo condussero al cospetto del Sinedrio, che ne stabilì la condanna a morte per bestemmia, essendosi equiparato a Dio. Al mattino presto avvenne un nuovo incontro col Sinedrio, poi Gesù fu condotto dal prefetto romano Ponzio Pilato per richiederne l'esecuzione, questi lo interrogò ma non trovandolo colpevole, lo inviò da Erode Antipa, Re della Galilea, che, dopo averlo schernito, ma non condannato, lo rispedì a Pilato. Questi, nel tentativo di salvarlo, propose al popolo di liberarlo. Era uso da parte delle autorità romane rilasciare un prigioniero all'anno, per Pasqua, ma la folla gli preferì il ribelle assassino Barabba, che fu liberato al posto di Gesù. Così la folla invocò la crocifissione per Gesù. Per paura di un tumulto Pilato si lavò le mani, dichiarandosi innocente per l'ingiusta condanna, e acconsentì alla richiesta della folla, condannando formalmente a morte Gesù per il *Reatosa maestà"*, essendosi dichiarato Re dei Giudei. Quindi fu flagellato, venne poi schernito e bastonato dai soldati romani, che gli misero la corona di spine e lo condussero, assieme ad altri due condannati, tra cui il buon ladrone, verso il luogo della condanna, una piccola collina appena fuori le mura, chiamata Golgota. Lungo la salita che conduceva alla cima, Gesù fu aiutato a portare la croce da un certo Simone di Cirene. Giunti alla meta, Gesù fu crocifisso all'ora terza (nove di mattina) e morì all'ora nona (tre del pomeriggio). Secondo i vangeli, la sua morte fu accompagnata da eventi straordinari: venne l'oscurità su tutta la terra, vi fu un terremoto e la resurrezione di molti Santi. In seguito, Giuseppe di Arimatea chiese a Pilato il corpo di Gesù e dopo averlo avvolto in un lenzuolo (o in teli, secondo Giovanni), lo depose nel suo sepolcro personale, che si trovava presso il Golgota. È impossibile stabilire con certezza la data della morte di Gesù. I quattro vangeli sono concordi nel collocarla di venerdì, ma mentre per i tre sinottici questo giorno coincideva con la Pasqua ebraica (15 nisan), per Giovanni si trattava della vigilia di Pasqua cioè (14 nisan). La cronologia sinottica porta a ipotizzare come data venerdì 27 aprile del 30-31 dC, opzione che non gode di largo consenso, ponendo processo ed esecuzione nel giorno festivo di Pasqua, mentre quella giovannea venerdì 7 aprile del 30 dC. o venerdì 3 aprile del 33 dC. La datazione di Giovanni del 7 aprile 30 è compatibile con la probabile datazione dell'inizio del ministero pubblico nel 28 e con l'accenno delle tre Pasque.

Goguel, per esempio, pensava che la svolta decisiva nella vita di Gesù fosse coincisa con l'inizio delle persecuzioni intraprese contro di lui da Erode Antipa, difronte al continuo crescere della sua influenza, poco prima delle manifestazioni messianiche che il Messia predicava alla sua gente che lo ascoltava e lo osannava. Nonostante questa ipotesi appaia ingegnosa, non convince affatto, in quanto non fornisce alcuna spiegazione soddisfacente della ostilità di Erode nei confronti di Gesù che non lo aveva mai ne nominato ne tanto meno attaccato, come invece lo aveva fatto Giovanni Battista. Possiamo comunque dare una spiegazione di questa presunta ostilità, che si può ricercare nei quattro Vangeli ed è la cacciata dei mercanti dal Tempio, episodio che Erode Antipa, il più importante Principe della Palestina, aveva di sicuro concepito come un'offesa alla sua autorità. Forse, l'avvenimento si colloca alla fine della carriera di Gesù, pochi giorni prima della sua crocifissione, anche se di questo, purtroppo non si può esserne del tutto certi, anche se i Vangeli sinottici sono d'accordo tra loro. Il quadro cronologico dei capitoli che i sinottici dedicano alla permanenza di Gesù a Gerusalemme prima della passione, non fanno menzione di questo suo gesto provocatorio, mentre si parla di scene tranquille di inserimento nel Tempio e dei buoni rapporti che Gesù tenne con i rabbini. Invece, tanto per cambiare, il quarto Vangelo, quello di Giovanni, parla de scene violente, e colloca gli avvenimenti del Tempio all'inizio non alla fine della carriera di Gesù. Ora vattela a pesca a chi dobbiamo credere. In ogni caso la cosa certa è che Gesù fu condannato a morte mediante crocifissione, ciò si può affermare con certezza.

Noi, avendo valutato tutti i testimoni azzardiamo una sentenza, condannando Ponzio Pilato per la crudele crocifissione di Gesù, che non si lavò le mani con l'acqua ma col sangue del figlio di Dio.

"Poi tutta l'assemblea si alzò e lo condussero da Pilato. E cominciarono ad interrogarlo, dicendo: Abbiamo trovato colui che sovvertiva la nostra nazione e che proibiva di pagare i tributi a Cesare, e diceva di essere lui il Cristo re. Pilato lo interrogò, dicendo: Sei tu il re dei Giudei? E Gesù gli rispose: Sei tu che lo dici. Pilato disse ai capi dei sacerdoti e alla folla: Io non trovo nessuna colpa in quest'uomo. Ma essi insistevano, dicendo: Egli sobilla il popolo insegnando per tutta la Galilea; ha cominciato dalla Galilea ed è giunto fin qui. Quando Pilato udì questo, domandò se quest'uomo fosse Galileo. Saputo che egli era della giurisdizione di Erode, lo rimandò da Erode, che si trovava anch'egli a Gerusalemme in quei giorni. Quando vide Gesù, Erode se ne rallegrò molto, perché da lungo tempo

desiderava vederlo, avendo sentito parlare di lui; e sperava di vedergli fare qualche miracolo. Gli rivolse molte domande, ma Gesù non gli rispose nulla. Or i capi dei sacerdoti e gli scribi stavano la, ascoltando con veemenza. Erode, con i suoi soldati, dopo averlo vilipeso e schernito, lo vestirono di manto splendido e lo rimandarono da Pilato. In quel giorno, Erode e Pilato divennero amici; prima infatti erano stati nemici".

La preoccupazione più viscerale dei Romani era quella di mantenere l'ordine e di credere che il padrone del mondo allora conosciuto, era L'imperatore e solo lui era il Dio in terra, quindi il verbo che professava Gesù che Dio era il vero Dio di tutti gli uomini, di tutti i Re e di tutti gli Imperatori, dovette scaturire nei conquistatori romani, in particolare Pilato, quel senso di profanazione nel loro credo. In più le folle lo acclamavano figlio di Dio, è chiaro che queste affermazioni erano in contrasto con ciò che credevano i romani ed in particolare il loro governatore Pilato, che per tagliare la testa al toro fece crocifiggere il figlio di Dio.

Anche se molti storici pensano che Gesù non avesse i mezzi per affrontare le forze armate dei romani, significa non tener conto delle virtù di mobilità di un gruppo compatto e ben organizzato che agisce di sorpresa all'interno di una folla che gli è simpatizzante. L'attacco contro i mercanti del Tempio è stato fulmineo, i suoi autori, dopo aver colpito, se la sono squagliata al volo, cosa che fu facile per loro, dal momento che l'operazione si era svolta nella corte esterna del Tempio, il sagrato dei Gentili. Le ripercussioni non sono quindi dovute al carattere duraturo dei suoi effetti, ma all'audacia con cui è stato eseguito, proprio nel luogo dove meno se lo aspettavano. Quindi possiamo affermare con certezza che l'episodio è storico ed occupa un posto fondamentale nella carriera di Gesù, che in realtà è stato, come alcuni storici affermano, un capo nazionalista ebraico, con ai suoi ordini una numerosa milizia ben organizzata, che tentò di impadronirsi del Tempio di Gerusalemme, con lo scopo di cacciare i romani dalla Palestina. Quindi Gesù Cristo, secondo questi storici, non è proprio come ce lo hanno descritto al catechismo, egli non era solo un santo, figlio di Dio che voleva togliere i peccati del mondo, ma era anche un generale di un armata che voleva togliere la Palestina dalla morsa dei romani. Quindi secondo noi Erode non c'entra affatto col processo di Gesù. Naturalmente questa è solo la nostra opinione. Ora però torniamo al nostro racconto.

Possiamo quindi concludere che l'intervento di Gesù contro i mercanti del Tempio è avvenuto in una data leggermente più tarda di quello che i primi tre Vangeli ci suggeriscono. Se le cose stanno così, quel gesto di violenza illegale ha avuto certamente un eco nell'opinione pubblica palestinese ed ha procurato a Gesù una enorme reputazione ed anche la forte ostilità delle autorità romane. Così Gesù sarà minacciato, inseguito, braccato e senza fissa dimora. Anche altri fatti avvenuti, localizzati nella Giudea-Samaria, la Galilea e la Perea, addirittura nel deserto, Gesù doveva guardarsi dalle conseguenze del colpo di mano della cacciata dei mercanti al Tempio, che aveva trasformato le condizioni nelle quali si andava svolgendo la sua attività di predicatore, opponendosi ad un commercio che avveniva all'interno del Tempio di Gerusalemme e che indirizzato all'immensa folla dei pellegrini. Egli ha attirato su di se, l'interesse di una numerosissima folla di cittadini e di pellegrini da un giorno all'altro. Da predicatore delle campagne egli diventa di colpo una figura nazionale disprezzata dai romani, ma ammirata e seguita da chi romano non era.

L'episodio del Tempio ha in se una sola spiegazione

possibile, visto che è difficilmente qualificabile come atto messianico, ma ci da la certezza che Gesù agì come uno Zelota, anche se non apparteneva a questo partito, che tra l'altro al suo tempo si era quasi sciolto, erano rimasti pochi nostalgici membri, che dopo l'attacco al Tempio simpatizzarono per Gesù. Gli Zeloti erano un gruppo di giustizieri puristi, un po' come furono nel medioevo i Catari. Questi Zeloti divenuti celebri per aver difeso l'onore di Dio quando alcuni ebrei misero in dubbio la sua autorità divina. Gesù prese solo lo spunto dagli Zeloti, che verosimilmente il suo gesto gli ha valso qualche simpatia da parte dei pochi nostalgici che ancora appartenevano a questo gruppo. Ciò viene confermato anche dal fatto che almeno uno dei suoi discepoli era Zelota, Simone il Cananeo. Il termine *Cananeo,* che Marco e Matteo usano per lo stesso personaggio, è la trascrizione della parola aramaica di cui Zelota ne è la traduzione Greca.

Dunque Gesù oltre a doversi nascondere, era sottoposto a pressioni pericolose da parte dai suoi partigiani che erano impazienti dalla lentezza della sua azione. Nell'entrata trionfale di Gesù a Gerusalemme, si organizzò un corteo nel corso del quale accettava le acclamazioni dei suoi e della folla, ma è una processione pacifica e modesta che non voleva essere preceduta da una vittoria militare, che non dava luogo, ne ad un omaggio pubblico verso le autorità aristocratiche di Gerusalemme, ne ad una sollevazione contro di esse. Giovanni nel suo Vangelo descrive così l'ingresso trionfale di Gesù a Gerusalemme:
"La gran folla dei Giudei seppe dunque che egli era li; e ci andarono non solo a motivo di Gesù, ma anche per vedere Lazzaro che egli aveva resuscitato dai morti. Ma i capi dei sacerdoti deliberarono di far morire anche Lazzaro, perché a causa sua, molti Giudei andavano e credevano in Cristo. Il giorno seguente, la gran folla che era venuta alla festa, udito

che Gesù era venuto a Gerusalemme, prese dei rami di palme e uscì ad incontrarlo, e si mise a gridare Osanna! Benedetto colui che viene nel nome del Signore, il re d'Israele! Gesù trovato un asinello, vi montò sopra come sta scritto: Non temere, figlia di Sion! Ecco, il tuo Re viene, montato sopra un puledro d'asina! Or i suoi discepoli non compresero subito queste cose; ma quando Gesù fu glorificato, allora si ricordarono che queste cose erano state scritte da lui, e che essi gliele avevano fatte. La folla dunque, che era con lui quando aveva chiamato Lazzaro fuori dal sepolcro e l'aveva resuscitato dai morti, ne rendeva testimonianza. Per questo la folla gli andò incontro, perché avevano udito che egli aveva fatto quel miracolo. Perciò i Farisei dicevano tra di loro: Vedete che non guadagnate nulla? Ecco, il mondo gli corre dietro!"

Egli accettava di essere chiamato fuori legge, ma non per questo voleva ingaggiare una battaglia contro i romani, cosa che invece desideravano gli insorti al suo comando. Ritroviamo questa conferma nei racconti della cattura di Gesù, nei Vangeli di Luca e di Giovanni. Gesù lascia fare il discepolo che lo vuole difendere con la forza, poi lo ferma ma senza rimproverarlo. Anche qui troviamo conferma nella versione slava della *Guerra Giudaica* di Giuseppe Flavio, (Joseph ben Matityahu cioè Giuseppe figlio di Mattia, nato a Gerusalemme 37-100, il nome Giuseppe Flavio fu da lui assunto dopo aver ottenuto la cittadinanza Romana da parte dell'imperatore Vespasiano.) il quale, ci mostra Gesù circondato da partigiani entusiasti che cercavano di convincerlo a cacciare i romani e a diventare Re dei Giudei, cosa che però egli rifiutò di fare, pur restando insieme a coloro che volevano impiegare le armi. In tutti questi testi, Gesù viene presentato come un uomo la cui notorietà è un impedimento a sottrarsi del tutto alle sollecitazioni di cui viene fatto oggetto, ma che vuole evitare il ricorso a una violenza senza limiti. Ed è proprio la situazione creata nella cacciata dei mercanti dal Tempio, che viene evocata in tutti i testi.

Il quadro che possiamo tracciare del modo in cui Gesù faceva suo il ministero, che Dio gli aveva affidato, essenzialmente durò solo un paio d'anni, cominciò dopo l'arresto del Battista, certo siamo consapevoli di dare una spiegazione arbitraria. Marco ad esempio ci parla di un anno o poco più poiché secondo lui è iniziato i primi giorni della primavera. *"L'erba verde e le spighe di grano ancora non raccolte."* Tutti gli episodi della vita di Gesù che si svolgono a Gerusalemme, questi Vangeli finiscono per semplificare in maniera troppo accentuata una realtà che invece è vetusta, che oltre ad essere antica e incidere rispetto e venerazione è anche molto complessa. Le interpretazioni cronologiche che ci forniscono i Vangeli, che sono contraddittorie tra loro, devono essere valutate con estrema cautela, dato che potrebbero avere nella sua interpretazione un significato teologico.

Si può, ragionevolmente affermare che Gesù sia andato a Gerusalemme più di una volta, almeno tre: Una quando aveva appena quaranta giorni, in occasione dei pellegrinaggi che corrispondono alla festa della Pasqua, Fu portato da Giuseppe e Maria per essere offerto al Signore, dove fu riconosciuto da due vecchi Simeone e Anna i quali adorarono Gesù. Di questa vicenda ce ne parla Luca:

"Vi era in Gerusalemme un uomo di nome Simeone, quest'uomo era giusto e timorato di Dio, e aspettava la consolazione d'Israele. Lo Spirito Santo era sopra di lui e gli era stato rivelato dallo Spirito Santo che non sarebbe morto prima di aver visto il Cristo del Signore. Egli mosso dallo Spirito, andò nel Tempio, e come i genitori vi portarono il bambino Gesù per adempiere al suo riguardo le prescrizioni della legge, lo prese in braccio e benedisse Dio dicendo: Ora o

mio Signore, tu lasci andare in pace il tuo servo secondo la tua parola, poiché i miei occhi hanno visto la tua salvezza che hai preparata d'innanzi a tutti i popoli."

L'altra, quando aveva 13 anni e si fermò a parlare con i rabbini, poi scomparve per diversi giorni, lasciando Giuseppe e Maria preoccupati per la sua assenza. Infine dove avvenne l'episodio della cacciata dei mercanti del Tempio che si concluse con il suo arresto. Quindi riteniamo che i due anni che abbiamo affermato rappresentano un calcolo verosimile.

La vita pubblica di Gesù è stata un perpetuo viaggiare e questi suoi spostamenti continui, si sono fatti sempre più frenetici e frettolosi, si parla anche di un suo fugace passaggio a Nazareth. Comunque girò tutto il tempo, passò a Gana, che è nella stessa regione, passò da Betsaida, da Corazin, nelle borgate della pianura di Gennesaret località sulle rive del Tiberiade, nel nord-est della Galilea, a Magadon, a Dalmanuta, a Magdala, ha fatto frequenti visite al porto di Cafarnao. E quasi certo che qui si stabilì per qualche tempo, forse nella casa di Simon Pietro, anche perché, in questa borgata tra i pescatori delle rive del lago, egli trovò i suoi più fedeli compagni e le folle più entusiaste alla sua predicazione. Matteo da una ampia documentazione di cosa diceva Gesù nelle sue predicazioni, dando anche dei comandamenti:

"Avendo visto le folle egli salì sul monte; e messosi a sedere, i discepoli vennero da lui; ed egli aprì la bocca e cominciò ad interrogar loro dicendo: "Felici quelli che si rendono conto del loro bisogno spirituale, poiché a loro appartiene il regno dei cieli. "Felici quelli che fanno cordoglio, poiché saranno confortati. "Felici quelli che sono d'indole mite, poiché erediteranno la terra. "Felici quelli che hanno fame e sete di giustizia, poiché saranno saziati. "Felici i misericordiosi, poiché sarà loro mostrata misericordia. Felici i puri di cuore,

poiché vedranno Dio. Felici i peccatori, poiché saranno chiamati "figli di Dio". Felici quelli che sono stati perseguitati a causa della giustizia, poiché a loro appartiene il regno dei cieli. Felici voi, quando vi biasimeranno e vi perseguiteranno per amor mio e mentendo diranno contro di voi ogni sorta di malvagità. Rallegratevi e saltate per la gioia, poiché la vostra ricompensa è grande nei cieli; giacché in questo modo perseguiteranno i profeti prima di voi. Voi siete il sale della terra; ma se il sale perde il suo sapore, come sarà ristabilita la sua salinità? Non serve più che a gettarlo fuori perché sia calpestato dagli uomini. Voi siete la luce del mondo. Una città non può essere nascosta quando è situata sopra un monte. Non si accende una lampada per metterla sotto il moggio, ma sul candelabro, ed essa risplende su tutti quelli che sono nella casa. Così risplenderà la vostra luce dinnanzi agli uomini, affinché vedranno le vostre eccellenti opere e diano gloria al padre vostro che è nei cieli. Non pensate che io sia venuto a distruggere la Legge o i Profeti. Io non sono venuto a distruggere ad adempiere: Poiché veramente vi dico che il cielo e la terra passeranno piuttosto che una minima lettera o una particella di lettera passi in qualche modo dalla Legge senza che tutte le cose siano adempiute. Chi viola perciò uno di questi minimi comandamenti e insegna così agli uomini sarà chiamato minimo riguardo al regno dei cieli. In quanto a chi li osserva e li insegna sarà chiamato grande riguardo al regno dei cieli. Poiché vi dico che se la vostra giustizia non abbonda più di quella degli scribi e dei Farisei, non entrerete affatto nel regno dei cieli. Avete udito che fu detto agli antichi: Non devi assassinare; ma chiunque assassina deve render conto alla corte di giustizia. Comunque, io vi dico che chiunque continua a provare ira verso il suo fratello dovrà render conto alla corte di giustizia: ma chi si rivolge al suo fratello con un'indicibile parola di disprezzo dovrà render conto alla Corte Suprema;

mentre chi dice: "Tu spregevole stolto!" sarà soggetto alla Geenna ardente. Se dunque, porti il tuo dono all'altare e li ricordi che il tuo fratello ha qualche cosa contro di te, lascia il tuo dono davanti all'altare e va via; prima fa pace col tuo fratello, e poi, tornato, offri il tuo dono. Risolvi subito le questioni con chi si lamenta entro di te in giudizio, mentre vi sei arrivato con lui, affinché chi si lamenta non ti consegni in qualche modo al giudice, e il giudice alle guardie della corte, e tu non sia gettato in prigione. Difatti io ti dico: Certamente non ne uscirai finché non avrai pagato l'ultima moneta di piccolissimo valore. Avete udito che fu detto: "Non devi commettere adulterio. Ma io vi dico che chi continua a guardare una donna in modo da provar passione per lei ha già commesso adulterio con lei nel suo cuore. Se ora il tuo occhio destro ti fa inciampare, cavatelo e gettalo via. Poiché è più utile per te perdere uno dei tuoi membri, piuttosto che tutto il tuo corpo sia lanciato nella Geenna. E se la tua mano destra ti fa inciampare, tagliala e gettala via. Poiché è più utile per te perdere uno dei tuoi membri, piuttosto che tutto il tuo corpo vada nella Geenna. Inoltre fu detto: Chiunque divorzia da sua moglie le dia un certificato di divorzio. Ma io vi dico che chiunque divorzia da sua moglie, salvo per causa di fornicazione, la rende soggetta all'adulterio, giacché chi sposa una donna divorziata commette adulterio. Avete anche udito che fu detto agli antichi: Non devi giurare senza adempiere, ma devi rendere a Geova i tuoi voti. Comunque, io vi dico: Non giurare affatto, ne per il cielo, Poiché è il trono di Dio; ne per la terra perché è lo sgabello dei suoi piedi; ne per Gerusalemme, perché è la città del gran Re. Ne devi giurare per la tua testa, perché non puoi rendere un capello bianco o nero. Ma il vostro parlare sia si, si; no, no: poiché il di più è del maligno. Avete udito che fu detto: Occhio per occhio e dente per dente. Ma io vi dico: Non contrastate il malvagio; anzi se uno ti percuote sulla guancia destra porgigli anche l'altra; a chi vuol litigar con te e prenderti la tunica, lasciagli anche il mantello. Se uno vuol costringerti a fare un miglio, fanne due con lui. Da a chi ti chiede, e a chi desidera un prestito da te, non voltar le spalle. Voi avete udito che fu detto: Ama il tuo prossimo e odia il tuo nemico. Ma io vi dico. Amate i vostri nemici, benedite coloro che vi maledicono, fate del bene a quelli che vi odiano e pregate per quelli che vi maltrattano e vi perseguitano, affinché siate figli del padre vostro che è nei cieli; poiché egli fa levare il suo sole sopra i malvagi e sopra i buoni, e fa piovere sui giusti e sugli ingiusti. Se infatti amate quelli che vi amano, che premio ne avete? Non fanno lo stesso anche i pubblicani? E se salutate soltanto i vostri fratelli, che fate di straordinario? Non fanno anche i pagani altrettanto? Voi dunque siate perfetti come è perfetto il padre vostro."

Le modalità della predicazione di Gesù, centrata sull'annuncio del Regno e della condotta di vita ad esso relativa, furono diverse dagli insegnamenti rabbinici del tempo. Gesù faceva larghissimo uso di parabole, cioè esempi allegorici tratti dalla vita e dalle comuni attività e situazioni quotidiane, che avevano lo scopo di illustrare concetti teologici o morali, non direttamente esperibili. Pur con le debite differenze, per questo metodo didattico Gesù è accostabile a Platone e ai suoi miti. Queste le principali parabole di Gesù:

Parabola del banchetto di nozze. Parabola del buon pastore. Parabola del buon Samaritano. Parabola delle dieci Vergini. Parabola del fariseo e del pubblicano. Parabola del figliol Prodigo. Parabola dei lavatori della vigna. Parabola di Lazzaro e il ricco Epulone. Parabola della moneta smarrita. Parabola della pecora smarrita. Parabola del seminatore. Parabola del granello di senape. Parabola del servo senza pietà. Parabola dei talenti. Parabola dei malvagi vignaioli. Parabola della zizzagna.

Gesù fino a poco prima del suo arresto ha sempre trovato nei dintorni del lago Tiberiade un ambiente ospitale, con le sue barche complici, le case amiche e la zona di frontiera che lo teneva al riparo da tutte le forze di polizia che lo braccavano. Qualche volta si portò a visitare i villaggi della tetrarchia di Filippo, libera dai confini della Palestina, come Tiro, Sidone, Decapoli, tutte zone dove le autorità della Galilea difficilmente potevano raggiungerlo.

Lasciando da parte gli episodi in cui la discordanza tra i quattro Vangeli è notevole, essi però sono concordi a presentarci Gesù, come un predicatore popolare, un eccezionale taumaturgo, un brillante conversatore e polemista ed infine un grande trascinatore di popoli. Il Nazzareno, che si staccò dal suo maestro Giovanni Battista nell'anno 27, forse 28 o giù di lì, intraprese una nuova carriera, come abbiamo già detto, quella di predicatore popolare, che in un certo senso somigliava al modo di predicare del Battista, che spingeva le folle alla penitenza e al battesimo, le masse, attirate dalla sua eloquenza, si raccoglievano intorno a lui. Anche Gesù si rivolgeva come il suo maestro alle folle con un messaggio semplice, dal momento che invitava tutti i presenti con una penitenza, ricordando loro l'imminenza dell'incontro con Dio. Se bisogna credere a Marco, che sull'argomento da una spiegazione diversa, lui non parla della fine del mondo, ma dice che la predicazione di Gesù affermava la presenza del regno di Dio, la *Buona novella,* che bisognava semplicemente credere ed avere fede in Dio e che offriva a chiunque si pentisse una vita nuova. Questo straordinario aspetto, secondo Marco, che Gesù indirizzava alle folle della Galilea, è un indizio dell'autenticità che ha maggior peso delle esitazioni dei numerosi critici. Gesù si presenta sempre indipendente da ogni forma di inquinamento senza tenere conto delle pressioni giuridiche degli Scribi giudei e dei questori romani. Egli è un innovatore, come testimoniano alcuni passi di Marco e sopratutto quelli di Matteo, Il Messia scartava, non soltanto disdegnosamente, l'interpretazione tradizionale dei testi dell'Antico Testamento, ma ne contestava addirittura la validità di alcuni comandamenti secondari. Le sue idee erano le stesse anche quando il suo insegnamento, per essere più compreso dalle folle, si riveste di immagini e le parole si ammantano di mistero. Usava sempre più spesso analogie e metafore dopo la frase con cui iniziava sempre i suoi discorsi alle folle:

"In verità, in verità vi dico... Guardatevi dal praticare la vostra giustizia davanti agli uomini, per essere osservati da loro; altrimenti non ne avrete premio presso il padre vostro che è nei cieli. Quando dunque fai l'elemosina, non far suonare la tromba davanti a te, come fanno gli ipocriti nelle sinagoghe e nelle strade, per essere onorati dagli uomini. Io vi dico in verità che questo è il premio che ne hanno. Ma quando tu fai l'elemosina non sappia la tua sinistra quel che fa la destra, affinché la tua elemosina sia fatta in segreto; e il padre tuo, che vede nel segreto, ti ricompenserà. Quando pregate non siate come gli ipocriti; poiché essi amano pregare stando in piedi nelle sinagoghe e agli angoli delle strade per esser visti dagli uomini. Io vi dico in verità che questo è il premio che ne hanno. Ma tu quando preghi, entra nella tua cameretta e, chiusa la porta, rivolgi la preghiera al padre tuo che è nel segreto; e il padre tuo, che vede nel segreto te ne darà la ricompensa. Nel pregare non usate troppe parole come fanno i pagani, i quali pensano di essere esauditi per il gran numero delle loro parole. Non fate dunque come loro, poiché il padre sa le cose di cui avete bisogno, prima che gliele chiediate. Voi dunque pregate così: Padre nostro che sei nei cieli, sia santificato il tuo nome; venga il tuo regno; sia fatta la tua volontà in terra come è fatta in cielo. Dacci oggi il nostro pane quotidiano; rimettici i nostri

debiti come anche noi li abbiamo rimessi ai nostri debitori; e non ci esporre alla tentazione ma liberaci dal maligno perché a te appartengono il regno, la potenza e la gloria in eterno amen. Perché se voi perdonate agli uomini le loro colpe, il Padre vostro perdonerà anche a voi; ma se voi non perdonate agli uomini, neppure il Padre vostro perdonerà le vostre colpe. e quando digiunate non abbiate un aspetto malinconico come gli ipocriti; perché essi si sfigurano la faccia per far vedere agli uomini che digiunano. Io vi dico in verità: questo è il premio che ne hanno. Ma tu quando digiuni ungiti il corpo e lavati la faccia, affinché non appaia agli uomini che tu digiuni, ma al Padre tuo che è nel segreto; e il Padre tuo che vede nel segreto, te ne darà la ricompensa. Non fatevi tesori nella terra, dove la tignola e la ruggine consumano, e dove i ladri penetrano e rubano; ma fatevi tesori in cielo, dove ne tignola ne ruggine consumano, e dove i ladri non entrano ne rubano. perché dov'è il tuo tesoro li sarà il tuo cuore. La lampada del corpo è l'occhio. Se dunque il tuo occhio è sano, tutto il tuo corpo sarà illuminato; ma se il tuo occhio è viziato tutto il tuo corpo sarà nelle tenebre! Nessuno può servire due padroni; perché o odierà l'uno e amerà l'altro, o avrà riguardo per l'uno e disprezzo per l'altro. Voi non potete servire Dio e Mammona (in aramaico significa ricchezza) Perciò vi dico: Non siate in ansia per la vostra vita, di che cosa mangiate o di cosa bevete; ne per il vostro corpo, di che vi vestite. Non è la vita più del nutrimento e il corpo più del vestito? Guardate gli uccelli del cielo; non seminano, non mietono, non raccolgono in granai, e il padre vostro nei cieli li nutre. Non valete voi più di loro? E chi di voi può con la sua preoccupazione aggiungere solo un cubito alla durata della sua vita? E perché siete così ansiosi per il vestire? Guardate come crescono i gigli della campagna; essi non faticano e non filano; eppure io vi dico che neppure Salomone, con tutta la sua furia, fu vestito come uno di loro. Ora se Dio veste in questa maniera l'erba dei campi che oggi è, e domani è gettata nel forno, non farà di più per voi, o gente di poca fede? Non siate dunque in ansia, dicendo: Che mangeremo? Che berremo? Di che ci vestiremo? perché sono i pagani che richiedono tutte queste cose; ma il Padre vostro celeste sa che avete bisogno di tutte queste cose. Cercate prima il regno e la giustizia di Dio, e tutte queste cose vi saranno date in più. Non siate dunque in ansia per il domani, perché il domani si preoccuperà di se stesso. Basta a ciascun giorno il suo affanno."

I quattro vangeli canonici ci presentano Gesù, fin dall'inizio della sua carriera come autore di miracoli e come predicatore. Ora ci troviamo alle prese con un problema molto serio e delicato, se tentiamo di ricostruire il fenomeno dei miracoli in un panorama razionale, siamo fritti, perché a questo punto, possiamo considerare anche miracoli le performance del mago David Copperfield. Per cui credere che il miracolo della moltiplicazione dei pani o quello di Lazzaro, che Gesù risuscitò dalla morte, fossero veramente accaduti. Beh! Non sappiamo cosa rispondere, la verità è che possiamo anche credere che gli episodi dei miracoli non sono altro che leggende messe in onda dagli Evangelisti ed in seguito avvalorate dalla chiesa, tanto che, il sopranaturale è il contrario del naturale, quindi leggendario. Comunque resistere, sia al fascino di un certo numero di soluzioni semplicistiche, come quelle che consisterebbero nel ricostruire in termini puramente razionali ognuno di questi episodi, compreso, anche, la moltiplicazione dei pani, la tempesta sedata o presentare Gesù come guaritore dei lebbrosi ed altri prodigi, compresi gli esorcismi, siamo difronte ad un enigma, ad un dubbio: Se, cristianamente dobbiamo credere che questi episodi sono reali, o razionalmente considerarli invenzioni posteriori. E' certo che Gesù, agli occhi dei contemporanei era considerato un taumaturgo lui stesso si considerava tale e che i fatti dei miracoli hanno avuto un peso determinante nella direzione presa dalla sua vita. Il Vangelo di Marco ci suggerisce che fu per difendere il suo diritto di predicare e per la pietà verso coloro che gli chiedevano aiuto, che Gesù incominciò a guarire malati con uno stupefacente successo. Così scrive Matteo:

"Quando egli scese dal monte, una gran folla lo seguì. Ed ecco un lebbroso, avvicinatosi, gli si prostrò davanti, Dicendo: Signore, se vuoi, tu puoi guarirmi. Gesù, tesa la mano, lo toccò dicendo: lo voglio, sii mondato, e in quell'istante egli fu guarito dalla lebbra. Gesù gli disse: Guarda di non dirlo a nessuno, ma va, mostrati al sacerdote e fa l'offerta che Mosè ha prescritto, e ciò serva loro da testimonianza."

Inoltre fu la pietà che lo spinse a realizzare prodigi come quello di sedare la tempesta, così possiamo leggere nel Vangelo secondo Matteo su questo miracolo:

"Gesù salì sulla barca e i suoi discepoli lo seguirono, Ed ecco si sollevò in mare una così gran burrasca, che la barca era coperta dalle onde; Ma Gesù dormiva. E i suoi discepoli, avvicinatisi, lo svegliarono dicendo: Signore, salvaci, siamo perduti! Ed egli disse loro: perché avete paura, o gente di poca fede? Allora, alzatosi, sgridò i venti e il mare, e si fece gran bonaccia. E quegli uomini si meravigliarono e dicevano: Che uomo è questo che anche i venti e il mare gli ubbidiscono?

Inoltre, distribuì miracolosamente il cibo, guarì i malati e i ciechi. senza, però, confermare la totale autenticità di queste notizie. Marco, inoltre, aggiunge una sfumatura apologetica, cioè che l'attività taumaturgica di Gesù era stata accusata di magia, anche se i suoi fans avevano tentato con tutte le forze di rigettare l'accusa. Per questa ragione la chiesa non aveva accettato nel proprio insegnamento che pochi racconti dei miracoli che si potevano prestare ad implicazioni dottrinali. Il ricordo degli altri miracoli operati da Gesù, era stato abbandonato ai cantori popolari della Galilea e delle regioni confinanti, fino al giorno che il Vangelo secondo Matteo li fece suoi. Questa potrebbe essere l'origine della semplicità dell'accentuato realismo dei racconti dei miracoli contenuti in questo Vangelo, ingenuità e realismo che non riscontriamo affatto nella stesura degli altri racconti, nei quali evidenziamo l'interpretazione simbolica o edificante. I racconti che ci presentano Matteo, Marco, Luca e Giovanni, quindi, sono degli ottimi racconti letterari, ma nello stesso tempo sono dei mediocri documenti dell'attività taumaturgica di Gesù, questo perché non ci danno abbastanza delucidazioni, e non ci permettono di conoscere con esattezza cosa avvenne veramente in ogni manifestazione miracolosa. Però c'è da dire che d'altra parte ci forniscono la certezza che Gesù volontariamente si è comportato come guaritore ed esorcista, ricorrendo alle tecniche terapeutiche contemporanee: Tocchi con la sua mano, saliva, parole misteriose eccetera. Questi racconti non ci lasciano alcun dubbio sulla attività che Gesù svolse propinando miracoli, sulla sua efficacia di guarire, sedare tempeste, camminare sull'acqua, resuscitare Lazzaro eccetera. Nei Vangeli i prodigi attribuiti a Gesù appaiono, più come il prolungamento delle sue attività di guaritore che come azioni arbitrarie di un mago. Certo, negli ambienti intellettuali giudaici, è stato accusato di magia, ma fu innalzato al cielo dalla folla immensa che lo seguiva e che lui ha orientato la sua azione verso il popolo senza però fargli correre nessun rischio.

Secondo i vangeli canonici Gesù operò diversi miracoli durante la sua vita. In totale, ne vengono raccontati ventiquattro di cui: quattordici riguardano la cura di varie malattie; cinque sono esorcismi, tre sono resurrezioni e due sono comandi impartiti alla natura. Nello specifico, le guarigioni compiute da Cristo che vengono citate nei vangeli sono le seguenti:

Curò dalla febbre la suocera di Pietro nella sua casa a Cafarnao prendendole la mano (Marco 1:29-31 , Matteo 5:14-15 , Luca 4 38-39)

Guarì un lebbroso.

Guarì il Galileo con la parola e il tocco della sua mano (Marco 1:40-45 , Matteo 8:1-4 , Luca 5:12-16)

Curò un paralitico di Cafarnao che era stato portato su una barella e al quale, dopo aver perdonato i suoi peccati, ordinò di alzarsi e di andare a casa (Marco 2, 1-12 , Matteo 9:1-8 , Luca 5 ,17 – 26)

Guarì un uomo dalla mano inaridita di sabato in una sinagoga con la parola (Marco 3, 1-6 , Matteo 12:9-14 , Luca 6:6-11)

Guarì una donna che soffriva da dodici anni di perdite di sangue lasciandogli toccare la sua veste (Marco 5,25-34 , Matteo 9:18-26 , Luca 8,40-56)

Guarì un sordomuto nella Decapoli mettendogli le dita nelle orecchie, toccandogli la lingua dicendo "Effatà" (che significa Apriti (Marco 7:31-37)

Curò un cieco a Betsaida sputandogli della saliva sugli occhi e imponendogli le mani (Marco 8,22-26);

Guarì Bartimeo, un non vedente di Gerico (Matteo 20:29-34 , Marco 10,46-52 Luca 18,35-45)

Curò a distanza un servo di un centurione a Cafarnao (Matteo 8:5-13 , Luca 7:1-10 , Gv 4,43-54 ; Giovanni 4,43-54)

Guarì una donna che era curva e non poteva drizzarsi con la parola e l'imposizione delle mani. Questo miracolo ha avuto anch'esso luogo il sabato in una sinagoga

Curò un fariseo dall'idropisia il sabato.

Guarì dieci lebbrosi.

Guarì un uomo infermo da 38 anni presso la vasca di Betesda.

Curò un uomo cieco dalla nascita, applicando del fango impastato con la saliva sui suoi occhi e mandandolo successivamente a lavarsi nella piscina di Siloe.

Nei vangeli canonici sono raccontate cinque storie di espulsione di spiriti immondi (esorcismi) da Gesù:

Scacciò un demonio nella sinagoga di Cafarnao.

Ne mandò via un altro nella regione di Gerasa.

Ne mise in fuga un altro ancora dalla figlia di una donna sirofenicia.

Ne eliminò un altro ancora che tormentava un epilettico.

Spinse in ultimo, un "diavolo muto", ad andarsene.

In aggiunta, nelle sacre scritture sono presenti diversi passaggi che si riferiscono genericamente a esorcismi di Cristo. Sempre secondo i quattro Scritti, il Messia compì ben tre resurrezioni:

Risvegliò una bambina di dodici anni, figlia di Giairo, anche se in realtà, come affermato dallo stesso Messia, non era morta ma stava solo dormendo.

Resuscitò il figlio della vedova di Nain.

Riportò nel mondo dei vivi il celebre Lazzaro..

Gesù riuscì inoltre, secondo i vangeli, a sottomettere le forze naturali (vento e mare) alla sua autorità:

Egli ordinò alla tempesta di calmarsi.

Si mise a camminare sulle acque.

Infine compì tre atti straordinari puramente simbolici:

Fece la Moltiplicazione del pane e dei pesci, l'unico dei tre miracoli ad essere riportato su tutti i vangeli.

Realizzò la pesca miracolosa.

Convertì l'acqua in vino durante le nozze di Quana.

Non tutti però apprezzarono questi miracoli. Infatti a quel tempo, alcuni scribi, insieme ad alcuni farisei e ad altri, accusarono Cristo di aver stretto un patto con Belzebù grazie al quale poteva possedere questi poteri straordinari. Fortunatamente egli si difese in modo serrato contro queste calunnie e continuò a usare le sue capacità, asserendo che lui diviene per fare del bene. Anzi, prima di morire decise di trasmetterle ai suoi discepoli e ad un altro uomo che non era suo seguace, affinché continuassero anche loro la sua opera. La maggior parte degli studiosi laici contemporanei, e una parte degli studiosi cristiani, nega il valore storico ai miracoli evangelici, considerandoli rappresentazioni simboliche e letterarie distinte dai fatti accaduti e correlate al fine religioso della narrazione.

Gesù non rifiutava affatto l'ospitalità di personaggi in vista. Partecipava alle loro cene conversando del più e del meno, senza che la conversazione scemasse mai, la sua eloquenza manteneva sempre viva e briosa la compagnia, ma i suoi veri compagni erano i suoi discepoli. I quattro Vangeli canonici sono concordi nell'affermare che Gesù ha reclutato e formato un numero di uomini che sono diventati i suoi compagni di ventura e non c'è alcuna ragione valida per dubitare di questa affermazione. Possiamo costatare che lui ben presto ha incominciato a reclutare dei compagni, incontrati, sia tra quelli di Giovanni Battista, sia sulle rive del Tiberiade. Uomini che erano quasi tutti della Galilea ed erano quasi tutti pescatori. Questi erano molto attaccati al loro maestro, infatti quando Gesù era ricercato i suoi compagni fecero molti sacrifici per stargli dietro e proteggerlo dalle milizie romane, e lo fecero senza chiedere nulla, senza voler pretendere nessun privilegio. Il loro numero, secondo l'indicazione dei Vangeli, è stato accertato in dodici apostoli o discepoli. Matteo ci fornisce i nomi dei dodici Apostoli:

"Poi chiamati a se i suoi dodici discepoli, diede loro il potere di scacciare gli spiriti immondi e di guarire qualunque malattia

*e qualunque infermità. I nomi dei dodici discepoli sono questi:
Il primo, Simone detto Pietro, e Andrea suo fratello, Giacomo
di Zebedeo e Giovanni suo fratello, Filippo e Bartolomeo,
Tommaso e Matteo il pubblicano, Giacomo d'Alfeo e Taddeo,
Simone il Cananeo e Giuda l'Iscariota, quello stesso che poi lo
tradì"*

Dettò loro anche i suoi comandamenti che dovranno rispettare
senza indugi:

*"Questi sono i dodici che Gesù mandò, dando loro queste
istruzioni: Non andate tra i pagani e non entrate in nessuna
città dei Samaritani, ma andate piuttosto verso le pecore
perdute delle casa d'Israele. Andando, predicate e dite: Il regno
dei cieli è vicino. Guarite gli ammalati, resuscitate i morti,
mondate i lebbrosi, scacciate i demoni; gratuitamente avete
ricevuto, gratuitamente date. Non provvedetevi d'oro o
d'argento nelle vostre cinture, ne di sacca da viaggio, ne di due
tuniche, ne di calzari, ne di bastone, perché l'operaio è degno
del suo nutrimento. In qualunque città o villaggio sarete entrati,
informatevi se vi sia qualcuno degno di ospitarvi e abitate da
lui finché partirete. Se quella casa ne è degna venga la vostra
pace su di essa; se invece non ne è degna, la vostra pace torni
in voi. Se qualcuno non vi riceve o non ascolta le vostre parole,
uscendo da quella casa e da quella città, scrollate la polvere
dai vostri piedi. In verità vi dico che il paese di Sodoma e
Gomorra, nel giorno del giudizio, sarà trattato con meno rigore
di quella città. Io vi mando come pecore in mezzo ai lupi; siate
dunque prudenti come i serpenti e semplici come colombe.
Guardatevi dagli uomini; perché vi metteranno in mano ai
tribunali e vi flagelleranno nelle loro sinagoghe; e sarete
condotti davanti a governatori e re per causa mia, per servire
di testimonianza davanti loro e ai pagani."*

Il compito dei Dodici, non era soltanto missionario, essi
dovevano anche accompagnare Gesù, sia per servirlo, ma anche

per ricevere da lui un'istruzione, praticamente, da questo punto di vista, erano come i discepoli dei Rabbini. Lo scopo principale di Gesù era quello di formare dei predicatori capaci di presentare il verbo di Dio negli stessi termini impiegati da lui e di non lasciarsi mai intimidire o trattenere nel farlo. Egli provvedeva anche ad organizzare la vita comune del gruppo raccolto insieme a lui, di cui dei Dodici costituiva il nucleo centrale.

Dopo due anni di questa vita movimentata, ed affannosamente itinerante, piena di predicazioni, miracoli, guarigioni e lunghi viaggi, Gesù alla fine fu arrestato e crocifisso a Gerusalemme. I quattro Vangeli canonici, danno un racconto dettagliato dei giorni che videro questo tragico epilogo. Che però lascia insoluti, senza risposta molti problemi.

Il primo problema è, il modo in cui Gesù andò incontro a questo disastro ponendo fine al suo mistero nelle peggiori condizioni. Il quarto Vangelo traccia un quadro eloquente ed impressionante di come Gesù prevedeva la sua crocifissione, donando la sua vita volontariamente, per la salvezza dell'uomo dall'ira di Dio per i peccati mortali che l'umanità andava perpetrando e lo fece con una lucidità assoluta. Possiamo scartare a priori la descrizione dei Vangeli apocrifi, secondo i quali, Gesù è stato preso alla sprovvista dal suo arresto e dalla condanna.

Il secondo problema è che i Vangeli, lasciano senza una chiara risposta riguardante la natura giuridica del processo di Gesù. E' vero che gli scrittori dei Vangeli non avevano nessuna conoscenza giuridica precisa e non si interessavano a questo aspetto degli eventi, il loro desiderio era di dimostrare l'innocenza del Cristo al di la di ogni ragionevole dubbio e il carattere arbitrario della condanna.

Inoltre è quasi certo che ci troviamo difronte a due processi, uno di seguito a l'altro, la cosa è sorprendente, visto che il secondo doveva essere una conferma della sua innocenza alle accuse che gli erano contestate. Il primo davanti al Sinedrio di Gerusalemme, che interrogò Gesù tentando di trovare un appiglio per giustificare un processo contro di lui per poi condannarlo. Ma non poté essere accusato di nulla, ne di blasfemia ne di essere un sacrilego, lui riuscì a togliersi d'impaccio a tutte le domande che gli furono poste. Quindi il tribunale ebreo dovette trasferire la pratica alle autorità romane.

Quindi il secondo interrogatorio fu davanti il procuratore romano Ponzio Pilato, senza parlare di Erode, che possiamo senza dubbio considerare falsa e leggendaria. Titti i critici sono d'accordo che la comparizione davanti il Sinedrio non fu un vero processo ma solo un interrogatorio da parte del sommo sacerdote e del suo consiglio. Quindi solo Ponzio Pilato processò Gesù, accusandolo di aver turbato l'ordine pubblico di aver tentato una rivolta armata contro le autorità romane e di aver aspirato a regnare sul popolo ebraico. E per questi reati la pena era di morte mediante la crocifissione, ed è proprio questa la condanna che gli appioppò Ponzio Pilato.

Anche sulla data della passione i Vangeli sono discordanti, si tratta della cronologia degli eventi: Gesù è morto il 14 alla vigilia di Pasqua? Come afferma il quarto Vangelo, o il 15 giorno della Pasqua, come affermano gli altri Vangeli? Chi lo sa. Sappiamo però che Gesù è stato arrestato, interrogato, torturato, condannato, flagellato, crocifisso e sepolto nel giro di dodici ore, come afferma con particolare certezza il Vangelo di Marco. L'ultima cena di Gesù con i suoi discepoli è, comunque stata la cena di Pasqua, questo conclude che la passione è avvenuta il giorno della festa. In ogni caso, Gesù morì di venerdì che era il giorno della festa della Pasqua ebraica.

Comunque siano andate le cose, la passione di Gesù durò solo qualche ora. Giunto da poco a Gerusalemme per la festività, egli si sentiva minacciato e rivelò ai suoi discepoli, nel corso dell'ultima cena solenne, la certezza che aveva di dover morire entro poche ore. Giuda uno degli apostoli, per ragioni che non conosciamo, accetto di facilitare la cattura del Messia che gli fu ricompensata con i famosi trenta sicli d'argento, il quale subito dopo si pentì del suo tradimento e in un momento di sconforto decise di porre fine alla sua vita impiccandosi su un albero di fico. Fu proprio grazie al suo tradimento che la cattura avvenne senza alcuna seria resistenza da parte degli altri discepoli, dando al processo una livrea politica. Sembra, secondo la tradizione cristiana, che Pilato abbia avuto delle esitazioni a condannare quest'uomo che in fin dei conti non sembrava affatto così pericoloso, ed era in procinto di liberarlo, secondo la tradizione che era in uso, i romani il giorno della Pasqua liberavano uno dei condannati. I condannati erano Gesù e Barabba e la folla scelse Barabba, così Pilato, sarebbe stato costretto ad emettere la sentenza, in seguito alla pressione della folla eccitata e dai dirigenti giudei. Di questo, però, noi abbiamo molti dubbi, in quanto era notoria la ferocia di Pilato e per il suo carattere autoritario e violento. Il condannato venne battuto dalle guardie e portato al supplizio in condizioni pietose, sulla collina del Golgota, fuori le mura della città, proprio nel punto indicato dalla tradizione. Il supplizio della croce in uso dai romani per punire i condannati era di una crudeltà spietata. Il condannato veniva inchiodato alla croce per i piedi e le mani, il suo peso gravava su di esse provocandogli un dolore insopportabile, morivano probabilmente per una sincope che li liberava dalla sofferenza. Gesù divise il suo supplizio con due ladroni crocifissi ai suoi lati. L'agonia di Gesù fu straziante, le poche parole che gli Evangelisti gli misero in bocca:

"Padre perdona loro perché non sanno ciò che fanno". Probabilmente furono delle soffocate urla di dolore, fortunatamente la morte liberatoria non tardò ad arrivare, la sua

agonia durò sei ore, dalle nove del mattino, quando fu crocifisso, fino le tre del pomeriggio, quando spirò, liberando il Nazzareno dalla sua straziante agonia. Gesù fu seppellito da Giuseppe d'Arimatea, nobile giudeo, e suo simpatizzante, nella località dove si trova oggi il Santo Sepolcro. Questa secondo Giovanni è la descrizione dell'ultima cena, del tradimento di Giuda, del rinnegamento di Pietro, dell'arresto e della crocifissione:

"Or prima della festa di Pasqua, Gesù sapendo che era venuta per lui l'ora di passare da questo mondo al Padre, avendo amato i suoi che erano nel mondo, li amò fino alla fine. Durante la cena, quando il diavolo aveva già messo in cuore a Giuda Iscariota, figlio di Simone, di tradimento. Gesù sapendo che il padre gli aveva dato tutto nelle mani e che era venuto da Dio e a Dio se ne tornava. Si alzò da tavola, depose le sue vesti e preso un asciugatoio, se lo cinse. Poi mise dell'acqua in un catino, e cominciò a lavare i piedi ai discepoli e ad asciugarli con l'asciugatoio del quale era cinto. Si avvicinò dunque a Simon Pietro, il quale gli disse: Tu Signore lavare i piedi a me? Gesù gli rispose: Tu non sai ora quello che io faccio, ma lo capirai dopo. Pietro gli disse: Tu non mi laverai mai i piedi! Gesù gli rispose: Se non ti lavo, non hai parte alcuna in me. E Simon Pietro: Signore, non soltanto i piedi, ma anche le mani e il corpo! Gesù gli disse: Chi è lavato tutto non ha bisogno che di aver lavati i piedi; è netto tutto e voi siete netti ma non tutti. Perché sapeva chi era che lo tradiva, per questo disse : Non tutti siete netti. Quando dunque ebbe loro lavato i piedi ed ebbe ripreso le sue vasti, si mise di nuovo a tavola, e disse loro: Capite quello che vi ho fatto? Voi mi chiamate Maestro e Signore, e dite bene, perché lo sono. Se dunque io, che sono il Signore e il Maestro, vi ho lavato i piedi, anche voi dovete lavare i piedi gli uni degli altri. Infatti io vi ho dato un esempio, affinché voi facciate come vi ho fatto io. In verità, in verità vi dico che il servitore non è maggiore del suo signore, ne il

messaggero è maggiore di colui che l'ha mandato. Se sapete queste cose, siete beati se le fate. Io non ho parlato di voi tutti; io conosco quelli che ho scelti; ma perché sia adempiuta la scrittura, colui che mangia il mio pane, ha levato contro di me il suo calcagno. Ve lo dico fin d'ora, prima che accada; affinché quando sarà accaduto, voi crediate che io sono il Cristo. In verità, in verità vi dico: Chi riceve colui che io avrò mandato, riceve me, riceve colui che mi ha mandato. Dette queste cose, Gesù fu turbato nello spirito e apertamente, così dichiarò: In verità, in verità vi dico che uno di voi mi tradirà. I discepoli si guardarono, non sapendo di chi parlasse. Ora, a tavola, inclinato sul seno di Gesù, stava uno dei discepoli, Giovanni, quello che Gesù amava. Simon Pietro gli fece cenno e gli disse: Di chi è quello del quale parla? Egli chinatosi sul petto di Gesù gli domandò: Signore, chi è? Gesù rispose: E' quello al quale darò il boccone dopo averlo intinto. E intinto il boccone, lo diede a Giuda, figlio di Simone Iscariota. Allora dopo il boccone il diavolo entrò in lui. Per cui Gesù disse: Quel che fai fallo presto......"Simon Pietro gli domandò: Signore, dove vai? Gesù rispose: Dove vado io non puoi seguirmi per ora; ma mi seguirai più tardi. Pietro gli disse: Signore perché non posso seguirti ora? Darò la mia vita per te! Gesù gli rispose: Darai la tua vita per me? In verità, in verità ti dico che il gallo non canterà che già tu mi avrai rinnegato tre volte......Presero dunque Gesù; ed egli, portando la sua croce, venne al luogo detto del teschio, che in ebraico si chiama Golgota. Dove lo crocifissero, assieme ad altri due, uno di qua, l'altro di la e Gesù nel mezzo. Pilato fece pure un'iscrizione e la pose sulla croce. V'era scritto: GESU' IL NAZZARENO, IL RE DEI GIUDEI. (I.N.R.I.)

Potremmo chiudere la storia di Gesù, sulla sua crocifissione, ma gli avvenimenti presero ben presto una direzione, che ci impone di continuare il racconto. I quattro, Vangeli narrano come a meno di tre giorni dal seppellimento di Gesù, la sua tomba fu trovata vuota, il suo corpo era sparito nel nulla. Le tre Marie che avevano scoperto l'arcano erano andate ad onorare il corpo del Messia ma il Messia non c'era più. Inoltre altri fatti poco chiari si presentano, come nel racconto di Marco, che sembra il più sobrio, riguardante il seppellimento, nei suoi passi, dai tratti evidentemente leggendari, Marco colloca la presenza di un angelo al momento della tumulazione. Ma è questa una ragione per mettere in dubbio la scoperta delle donne? Dobbiamo, se non altro per razionalità rispondere negativamente a questa domanda. La chiesa ha parlato molto della resurrezione dopo il terzo giorno, ma se è così i conti non tornano. La vera prova che Gesù aveva trionfato sulla morte la dobbiamo solo alle fantasie che sono scaturite nei racconti dei Vangeli. La leggenda di questa Cristofania fece ben presto parte dell'insegnamento della chiesa, a cui dobbiamo altre innumerevoli leggende che ci hanno inculcato da sempre, la più grossa di tutte è quella di Adamo ed Eva e il giardino dell'Eden. Comunque, sulla sparizione del corpo di Gesù non si hanno notizie, però siamo molto scettici sulla sua resurrezione.

I vangeli, immediatamente dopo la descrizione della passione e della morte di Gesù, riportano alcuni fatti avvenuti dopo la deposizione del cadavere di Cristo: il rinvenimento della tomba vuota e le apparizioni di Gesù alle discepole Maria Maddalena, Maria di Giacomo e Maria Salomè, interpretati dai cristiani come segni di una sua resurrezione. La scoperta avvenne all'alba del giorno dopo il sabato o la domenica, secondo i punti di vista. I Vangeli dicono che, quaranta giorni dopo la risurrezione, Gesù ascese al cielo. La successiva tradizione cristiana ha ritenuto come storico l'evento della risurrezione, riconoscendo questa con professioni di fede e di culto. Gli studiosi moderni che negano questa interpretazione ritengono che si tratti di una mistificazione degli apostoli, o di una convinzione sorta a seguito di allucinazioni, o della riproposizione nel mondo giudaico di un mito diffuso nella religiosità ellenistica, babilonese e fenicia, relativo ad una divinità che muore e risorge.

Nel periodo tardo antico, con la secolarizzazione del culto cristiano e il distacco definitivo dalla tradizione ebraica, si diffondono rappresentazioni dirette di Gesù. Il suo volto viene inizialmente raffigurato come quello di un giovane imberbe e con i capelli corti, tale modello rimarrà in uso fino al VI secolo con una successiva ripresa in in età carolingia. Dal IV secolo appare il Gesù barbuto, con i capelli lunghi, che è diventato la raffigurazione tradizionale del Cristo. Il cambiamento fu probabilmente influenzato in Oriente dal Mandylion e in Occidente, successivamente, dalla Sindone che peraltro i sindonologi ipotizzano coincidente con lo stesso Mandylion. (Il Mandylion, panno, fazzoletto o immagine di Edessa, era un telo venerato dalle comunità cristiane orientali, sul quale era raffigurato il volto di Gesù. L'immagine era ritenuta di origine miracolosa ed era quindi detta acheropita, cioè non fatta da mano umana.)

Per secoli l'iconografia ha privilegiato l'aspetto maestoso e glorioso di Gesù risorto, rappresentato dal modello del Pantocratore (onnipotente). A partire dal Medioevo, in concomitanza con la predicazione di Francesco d'Assisi, si afferma definitivamente in Occidente la raffigurazione della crocifissione, che si affianca a quella di Gesù risorto. Nel Risorgimento la figura di Gesù si laicizza, e diventa il prototipo dell'uomo perfetto. Tale visione avrà il suo massimo esponente in Michelangelo, che nel Giudizio Universale recupera l'immagine paleocristiana del Cristo imberbe. Secondo molti storici non cristiani, e alcuni teologi e biblisti cristiani, seppure caratterizzati da notevoli differenze nei presupposti e nelle conclusioni della ricerca, le fonti evangeliche non sarebbero totalmente attendibili: Gesù è stato un predicatore ebreo di grande levatura morale vissuto all'inizio del 1° secolo cristiano, secondo alcuni un Essenoo un Nazireo, che avrebbe terminato in croce la sua esistenza. La comunità dei suoi credenti lo avrebbe poi esaltato, attribuendogli miracoli e prodigi. Per risalire al vero Gesù storico occorre pertanto demitizzare i vangeli, privandoli delle aggiunte e reinterpretazioni attuate dai suoi fedeli. Secondo alcuni di questi studiosi Gesù sarebbe *"un uomo trasformato in un Dio."* Altri autori privano infine di qualunque valore storico i vangeli, negando in alcuni casi la stessa esistenza storica di Gesù e relegandolo alla sfera del mito. La cosiddetta *"corrente mitica"* sostiene infatti, all'opposto della corrente storica, che Gesù sarebbe *"un Dio trasformato in un uomo"* leggende e miti preesistenti all'anno zero sarebbero stati applicati ad un predicatore ebreo in realtà mai esistito. Alcuni storici, affermano, secondo loro, con cognizione di causa e con una documentazione storica, affermano che, ad esempio il Santo Graal non è un calice dove Gesù bevve il vino nell'ultima cena, ma è una donna, cioè Maria Maddalena, che fu sua moglie e amante, la quale rimase incinta e gli diede una figlia. Dopo la crocifissione, Maddalena si trasferì in Francia, dando inizio alla discendenza del Cristo, documentata da testi segreti, in alcuni vangeli primitivi che furono eliminati dalle autorità della chiesa, in primo luogo da Costantino nel IV secolo dC che selezionando i testi da includere nel Nuovo Testamento, ne fece distruggere oltre ottanta. Elevò Gesù da semplice uomo mortale a figlio di Dio, imponendo il totale silenzio sulla verità di Maria Maddalena. Così non si sa quanto c'è di vero a proposito di Gesù e sua moglie. Non sappiamo se esistevano davvero vangeli che narravano la loro unione fisica e se erano davvero sposati e se fosse vero che Maddalena diede alla luce una bambina di cui tuttora esistono dei discendenti. Chi lo sa? Fortunatamente oggi disponiamo più fonti su Gesù di quante gli studiosi ecclesiastici potessero sognarsi di avere fino a un secolo fa. Di Gesù Noi che siamo buoni cristiani, invece, crediamo in Cristo, figlio di Dio, il quale si è sacrificato per togliere i peccati dell'uomo..

"Libro della storia di Gesù Cristo, figlio di Davide, figlio di Abramo:

Abramo generò Isacco; Isacco generò Giacobbe; Giacobbe generò Giuda e i suoi fratelli;

Giuda generò Perez e Zera da Tamar; Perez generò Ezron; Ezron generò Ram;

Ram generò Amminadab; Amminadab generò Naasson; Naasson generò Salmon;

Salmon generò Boaz da Raab; Boaz generò Obed da Rut; Obed generò Iesse;

Iesse denerò Davide, il re. Davide generò Salomone dalla moglie di Uria;

Salomone generò Roboamo; Roboamo generò Abia; Abia generò Asa:

Asa generò Giosafat; Giosafat generò Ioram; Ioram generò Uzzia;

Uzzia generò Iotam; Iotam generò Achaz; Achaz generò Ezechia;

Ezechia generò Manasse; Manasse generò Amon; Amon generò Giosia;

Giosia generò Ieconia e i suoi fratelli al tempio della deportazione in Babilonia.

Dopo la deportazione in Babilonia Ieconia generò Sealtiel;

Zorobabele generò Abiud; Abiud generò Eliachim; Eliachim generò Azor;

Azor generò Zadoe; Zadoe generò Achim; Achim generò Eliud; Eliud generò Eleazoro; Eleazoro generò Mattan; Mattan generò Giacobbe;

Giacobbe generò Giuseppe, il marito di Maria, dalla quale nacque Gesù che è chiamato Cristo. Quindi tutte le generazioni da Abramo a Davide furono quattordici generazioni, e da Davide alla deportazione in Babilonia quattordici generazioni, e dalla deportazione in Babilonia al Cristo quattordici generazioni.

"Non giudicate affinché non siate giudicati; Perché col giudizio col quale giudicate, sarete giudicati; e con la misura con la quale misurate sarà misurato a voi. Perché guardi la pagliuzza che è nell'occhio di tuo fratello, mentre non scorgi la trave che è nell'occhio tuo? Ovvero, come potrai tu dire a tuo fratello: lascia che io ti tolga dall'occhio la pagliuzza, mentre la trave è nell'occhio tuo? Ipocrita, togli prima dal tuo occhio la trave, e allora ci vedrai bene per trarre la pagliuzza dall'occhio di tuo fratello. Non date ciò che è santo ai cani e non gettate le vostre perle ai porci, perché non le pestino con le zampe e rivolti contro di voi non vi sbranino. Chiedete e vi sarà dato; cercate e troverete; bussate e vi sarà aperto; Perché chiunque chiede riceve; chi cerca trova, e sarà aperto a chi bussa. Qual è l'uomo tra di voi, il quale, se il figlio gli chiede un pesce, gli dia una pietra? Oppure se gli chiede un pesce, gli dia un serpente? Se dunque voi, che siete malvagi, sapete dare buoni doni ai vostri figli, quanto più il Padre vostro che è nei cieli, darà cose buone a quelli che gliele domandano! Tutte le cose che voi volete che gli uomini vi facciano fatele anche voi a loro; perché questa è la legge dei profeti. Entrate per la porta stretta, perché larga è la porta e spaziosa la via che conduce alla perdizione, e molti sono quelli che entrano per essa. Stretta

*invece è la porta angusta la via che conduce alla vita e pochi
sono quelli che la trovano. Guardatevi dai falsi profeti i quali
vengono verso di voi in vesti da pecore, ma dentro son lupi
rapaci. Voi li riconoscerete dai loro frutti. Si raccoglie forse
uva dalle spine o fichi dai rovi? Così, ogni albero buono fa
frutti buoni, ma l'albero cattivo fa frutti cattivi. Un albero
buono non può far frutti cattivi, ne un albero cattivo far frutti
buoni. Ogni albero che non fa buon frutto è tagliato e gettato
nel fuoco. Voi li riconoscerete dai loro frutti. Non chiunque mi
dice: Signore, Signore! Entrerà nel regno dei cieli, Ma chi fa la
volontà del Padre mio nei cieli. Molti mi diranno in quel giorno:
Signore, non abbiamo noi profetizzato in nome tuo e in nome
tuo cacciato demoni e fatte in nome tuo molte opere potenti?
Allora dichiarerò loro:io non vi ho mai conosciuti;
allontanatevi da me, voi tutti, operatori d'iniquità! Perciò
chiunque ascolta queste mie parole e le mette in pratica sarà
paragonato a un uomo avveduto che ha costruito la sua casa
sopra la roccia. La pioggia è caduta, sono venuti i torrenti, i
venti hanno soffiato e hanno investito quella casa; ma quella
non è caduta, perché era fondata sulla roccia. E chiunque
ascolta queste mie parole e non le mette in pratica sarà
paragonato a un uomo stolto che ha costruito la sua casa sulla
sabbia. La pioggia è caduta, sono venuti i torrenti, i venti hanno
soffiato e hanno fatto impeto contro quella casa, ed essa è
caduta e la sua rovina è stata grande. Quando Gesù ebbe finito
questi discorsi, le folle erano meravigliate del suo
insegnamento, Perché egli le ammaestrava come uno che ha
autorità e non come i loro scribi."*

Il Regno di Dio, o Regno dei cieli (un eufemismo semitico
tipico di Matteo, che usa Cieli invece che Dio, diversamente da
Luca e Marco), è il centro della predicazione (il cui termine
tecnico è *"Kerigma")*, cioè annuncio e dell'azione di Gesù. Con

questo messaggio, Gesù si pone in continuità con la tradizione messianica propria dell'ebraismo del suo tempo, che aspettava, secondo le scritture, un Messia regale, "figlio" (ovvero discendente) di Davide, dal quale ci si aspettava la liberazione del popolo ebraico dal dominio di Roma e la ricostituzione del regno d'Israele. Tuttavia, il Regno predicato da Gesù, strettamente legato alla sua persona, appare privo di connotazioni propriamente politiche e sociali. È questo il probabile motivo del cosiddetto *"segreto messianico"* dei vangeli, soprattutto in quello di Marco, il quale narra come Gesù durante il ministero pubblico tentasse di tenere nascosta la sua identità messianica per evitare di essere visto dalla folla entusiasta come un messia liberatore trionfale. Solo quando è iniziata la sua passione, quando è abbandonato dalla folla e dai discepoli, si riconosce apertamente come il Cristo-Messia. Dai discorsi di Gesù, e in particolare dalle cosiddette *"parabole del Regno"*, il Regno appare principalmente come una realtà teologica, spirituale, morale, caratterizzata da una condotta di vita centrata sul duplice comandamento dell'amore a Dio e al prossimo. Si tratta di una nuova condizione della persona, che si instaura nella vita degli uomini nella misura in cui essi riconoscono la regalità, la signoria la paternità (*basiléia*) di Dio. La morale del Regno predicata da Gesù, e centrata sull'amore a Dio e sulla carità, è proposta come in continuità con gli insegnamenti della tradizione ebraica dell'Antico Testamento. Tuttavia, in alcuni punti, per esempio, il ritornello *"è stato detto... ma io vi dico o in verità vi dico"* del discorso della montagna degli ulivi, la predicazione di Gesù è in contrasto con tali precetti, e con la modalità da lui giudicata esteriore e formale, con la quale le autorità farisaiche li applicavano e insegnavano ad applicarli. Gesù propone una nuova giustizia, più grande, che non vuole abolire gli insegnamenti precedenti ma portarli a compimento. Quanto al carattere storico del

Regno, nei testi evangelici si nota un dualismo apparentemente inconciliabile: La tradizione cristiana ha ricomposto questa dicotomia individuando nel *"già"* l'attività di Gesù proseguita nella Chiesa, e nel *"non ancora"* il mistero della sua morte e resurrezione che sarà pienamente attualizzata con la sua seconda venuta, il giorno del giudizio, che sarà la trasfigurazione del mondo.

L'uomo che venne definito Salvatore del mondo, figlio di Dio, il Messia atteso per anni, sapeva di essere prossimo alla morte, sapeva quale sacrificio suo padre aveva imposto per lui. Folle immense lo avevano, seguito, osannato, acclamato figlio di Dio, quando dal monte degli ulivi, parlava di pace di amore tra tutti gli uomini di buona volontà. Ora era cambiato tutto. Le autorità civili, e religiose gli davano la caccia per tutta la Galilea. Lo odiavano e lo temevano, per ciò che predicava, per il suo anticonformismo, per il modo in cui preferiva rivolgersi ai bisognosi, per il modo taumaturgico con cui guariva, resuscitava, ridava la vista, mondava i lebbrosi, moltiplicava il pane e i pesci e sedava tempeste. Lo odiavano, perché aveva preso di mira tanti esponenti della loro casta privilegiata e peccatrice. Lo odiavano per le apparizioni plateali difronte a folle superstiziose che invece lo amavano, perché lui era il Messia annunciato. Ma questo particolare figlio di Dio, beffò legge e carnefici, perché il terzo giorno dalla sua morte egli resuscitò.

In questo codice di comportamento venerato e seguito, istintivamente, possiamo ritenere che ne fanno parte tanto la tradizione quanto la leggenda, per i fatti avvenuti, intorno al Cristo. La maggior parte degli storici accademici che si sono dedicati alla ricerca del Cristo storico, concorda sul fatto che il Nuovo Testamento, nella sua forma greca originaria, è opera di autori che non conobbero Gesù, ma che scrissero di lui dopo mezzo secolo dalla sua morte, a volte travisarono i fatti per mancanza di testimonianze attendibili, facendo un tentativo di esporre alcune testimonianze fraudolente, fin troppo spesso espresse dagli scrittori antichi, sotto forma di allusioni e come tali doppiamente difficile da confutare. Per quanto riguarda i quattro Vangeli, sappiamo che, Matteo, Marco, Luca e Giovanni erano seguaci di Gesù suoi discepoli, lo amavano infinitamente, credevano in lui incondizionatamente, quindi scrissero i loro Vangeli influenzati dal loro amore per il soggetto che veniva trattato nelle opere. Pur se contraddittori tra loro, bisogna però considerare che tutti e quattro sono concordi su alcuni passaggi importanti e sul fatto che Gesù era un predicatore, e le sue prediche sono riportate in tutti e quattro gli scritti, pur se con qualche variazione ma molto similmente. E' sui fatti veri e propri, sia temporali che geografici dove riscontriamo significative diversità, ma siccome tutto il mondo cristiano cattolico li ha presi per buoni, lo facciamo anche noi.

"Trema o terra alla presenza del Signore, alla presenza del Dio di Giacobbe, che mutò la roccia in lago, il macigno in sorgente d'acqua. Gloria al nome di Dio. Non per noi, o Eterno, non a noi, ma al tuo nome dà gloria, per la tua bontà e la tua fedeltà! Perché le nazioni dovrebbero dire: Dov'è il loro Dio? Il nostro Dio è nei cieli."

<u>Capitolo secondo: San Francesco d'Assisi</u>

Quando, Pietro di Bernardone dei Moricone mercante di stoffe, era in Francia in viaggio di affari, ad Assisi, nel 1182, nasceva Giovanni Battista Bernardone, suo figlio. In un primo momento, la madre, la nobile Pica Bourlemont, di origini francesi, lo fece battezzare col nome, del santo del deserto e della predicazione, al quale portò per sempre la sua devozione. Quando il nome di Francesco, (Francesino) che allora era un nome pressoché unico, gli fu sostituito a quello di Giovanni Battista, non è dato a sapersi. Ci sono tre ipotesi plausibili: Il fatto che il padre, in Provenza, aveva raggiunto ricchezza e benessere grazie all'attività di commercio, decise di cambiargli il nome in Francesco, un nome insolito per quel tempo. Lo fece in onore della Francia, che aveva fatto la sua fortuna. Oppure, in onore della madre, che pare fosse francese. Inoltre, la più plausibile e accreditata, secondo noi, è la persistenza di un soprannome che gli fu appioppato, sin dalla giovinezza, a causa del suo entusiasmo per la lingua francese.

Tommaso da Celano 1190-1260, suo contemporaneo e biografo dice:

"Quando era pieno dell'ardore dello Spirito Santo, egli parlava a voce alta in francese, cantava nei boschi in francese, mendicò un giorno in francese dell'olio per la luminaria di san Damiano che andava ripristinando. Il francese lo riempiva di ebbrezza e di giubilo."

La casa di Francesco, era situata al centro della città, ed era provvista di un fondaco utilizzato come negozio e magazzino per lo stoccaggio e l'esposizione di quelle stoffe che il mercante, suo padre si procurava con i suoi frequenti viaggi in Provenza. Egli vendeva la sua pregiata merce in tutto il territorio del Ducato di, Spoleto, in cui all'epoca rientrava anche la città di Assisi

Il suo nome: Francesco, per lui era carico di significato simbolico, nel 1217 volle partire per la Francia, come missionario. Per lui la Francia era molto recettiva a ciò che predicava, inoltre nei francesi, ammirava la devozione per il Sacro Sacramento. In ogni modo, in quel tempo i nomi avevano un significato profondo, il solo fatto di accettare e di divulgare un nome insolito se non unico a quel tempo, manifestava la volontà innovatrice di Francesco.

Da giovane lui non lasciava presagire la sua futura vocazione, di predicatore, guaritore, colpito dalle stigmate ed infine Santo. Alcuni storici avevano mosso ai suoi genitori l'accusa di averlo viziato, di avergli trasmesso un'educazione deplorevole, dipingendo così con fosche tinte e di sregolatezza l'adolescenza e la giovinezza, piuttosto scapestrata, se non depravata del Santo, il quale dedicava il suo tempo ai divertimenti e niente più. Si sollazzava all'ozio, alle chiacchiere, alle canzoni, all'eleganza, sfoggiando abbigliamenti sfarzosi e ricercati, tagliati su stoffe sempre più rare, cercando così di emulare i suoi compagni di bagordi dell'Assisi bene.

Egli cercava di condurre un tenore di vita cavalleresco, di imitare il comportamento dei nobili, più che praticare le virtù e i difetti della borghesia, pur se di alto livello, come quella a cui apparteneva. Ciò che lo accomunava ai nobili era come scialacquava i suoi denari. Tommaso da Celano lo dipinge come ricco sfondato, e riconosce che la ricchezza di cui disponeva, grazie a suo padre, comunque era inferiore a quella della maggior parte dei nobili. Era un bel ragazzo, colto e affascinante. Grande ammiratore della poesia cortese, egli stesso scrisse poesie e canzoni. Inoltre Tommaso nella prima delle sue biografie scriveva:

"Dai genitori ricevette fin dalla infanzia una cattiva educazione, ispirata alla vanità del mondo. Imitando i loro esempi, egli stesso divenne ancor più leggere e vanitoso".

Stessa cosa disse l'altro suo biografo: Il francescano Bonventura da Bagnoreggio 1218-1274), nell'opera di quest'ultimo scriveva:

"Nell'età giovanile, crebbe tra le vanità dei vani figli degli uomini. Dopo un'istruzione sommaria, venne destinato alla lucrosa attività del commercio. Assistito e protetto dall'alto, benché vivesse tra i giovani lascivi e fosse incline ai piaceri, non seguì gli istinti sfrenati dai sensi".

Ciò che l'attirava era la guerra, il mestiere delle armi, la gloria del cavaliere, le occasioni non gli mancarono. Ad Assisi, per esempio, era viva la lotta tra i partigiani del Papa e quelli dell'Imperatore bizantino di Costantinopoli, che si contendevano il dominio della favolosa fortezza, la Rocca, di Assisi. Il partito popolare vinse su i due contendenti, cacciandoli dalla città. Per sicurezza, il popolo distrusse la Rocca, i palazzi dei nobili all'interno della città e i loro castelli all'esterno, cacciando anche essi dal territorio, proteggendo infine Assisi cingendola da bastioni eretti in tutta fretta. Francesco, partecipò attivamente alla costruzione dei bastioni, ed è proprio lavorando a queste costruzioni, che egli si sia iniziato a quel lavoro edilizio, che più tardi si adopererà come costruttore e restauratore di cappelle e chiese a cominciare da quella di san Damiano.

Un episodio di queste lotte non finì bene per lui. Le famiglie dei nobili, cacciate da Assisi, compresa quella della futura santa

Chiara, sua grande amica, la famiglia Offreduccio da Favarone, si rifugiò a Perugia, antica rivale di Assisi. I perugini, dichiararono guerra ad Assisi. Francesco convinse, con forza, i suoi concittadini a difendere la città egli stesso partecipò, con onore, alla battaglia che le due fazioni, nel 1202, ingaggiarono a Collestrada, vinta dai perugini.

Si ha memoria della guerra che nel 1154 contrappose Assisi a Perugia. Tra le due città esisteva una rivalità irriducibile, che si protrasse per secoli. L'odio aumentò con il fatto che Perugia si schierò con i guelfi, mentre Assisi parteggiò per la fazione ghibellina. Non fu una scelta felice quella degli assisiani in quanto nel 1202 subirono una cocente sconfitta nella battaglia di ponte San Giovanni, sul Tevere, vicino Perugia. Anche Francesco, come gli altri giovani, partecipò al conflitto, venne catturato e rinchiuso in carcere. L'esperienza della guerra e della prigionia lo sconvolse a tal punto da indurlo ad un totale ripensamento della sua vita. Da lì iniziò un cammino di conversione, che col tempo lo portò a vivere nella gioia di poter custodire Gesù Cristo nell'intimità del cuore.

La guerra terminò nel 1203 e Francesco, gravemente malato, dopo un anno di prigionia ottenne la libertà dietro il pagamento di un riscatto, a cui provvide il padre. Tornato a casa, recuperò gradatamente la salute trascorrendo molte ore tra i possedimenti del padre. Secondo Tommaso da Celano furono questi luoghi appartati che contribuirono a risvegliare in lui un assoluto e totale amore per la natura, che vedeva come opera mirabile di Dio.

Francesco fu fatto prigioniero, restando più di un anno in carcere a Perugia. Poi nel novembre 1203 fu liberato, ma non distolse la sua fantasia nella gloria militare, ne da questo episodio ne dalla lunga malattia, che lo immobilizzò per gran parte dell'anno 1204. Dopo essere guarito, nel 1205 accompagnò in Puglia un nobile, suo grande amico, Bernardo di Quintavalle, che si andava ad arruolare nelle armate crociate alla conquista del Santo Sepolcro. Da un punto di vista storico le circostanze della conversione di san Francesco non sono state chiarite e si hanno notizie solo attraverso le agiografie. Pare che abbia giocato un ruolo la sua volontà frustrata di farsi cavaliere e di partire per la crociata, ma soprattutto un crescente senso di compassione che gli ispiravano i deboli, i reietti, gli ammalati, gli emarginati. Questa compassione si sarebbe trasformata poi in una vera e propria febbre d'amore verso il prossimo.

Nel 1204 Francesco pensò di partecipare alla Crociata e quindi provò a raggiungere a Lecce la corte di Gualtieri III di Brienne, per poi muovere con gli altri Cavalieri alla volta di Gerusalemme. Partecipare come cavaliere ad una crociata era a quel tempo considerato uno dei massimi onori per i cristiani d'Occidente. Tuttavia, giunto a Spoleto, si ammalò nuovamente ed ebbe un profondo ravvedimento. Avrebbe raccontato in seguito di essere stato persuaso da due rivelazioni notturne: Nella prima egli scorse un castello pieno d'armi ed udì una voce promettergli che tutto quello sarebbe stato suo. Nella seconda sentì nuovamente la stessa voce chiedergli se gli fosse stato *"...più utile seguire il servo o il padrone."* Alla risposta: *"Il padrone"* la voce rispose: *" Allora perché hai abbandonato il padrone, per seguire il servo?"*

Francesco rinunciò al proprio progetto e tornò ad Assisi. Da allora egli non fu più lo stesso uomo. Si ritirava molto spesso in luoghi solitari a pregare. Tommaso da Celano dice che:

"Un sogno confermò questa sua intenzione. Vede tutta la sua casa piena di divise militari e d'armi. Sogno nobile, non di mercante. Non gli era abituale vedere simili oggetti in casa sua, ma piuttosto mucchi di stoffe da vendere".

Tommaso interpreta questo sogno come l'annuncio di futuri successi militari in Puglia. Mentre questa visione, in realtà è l'annuncio che Francesco, sarà chiamato ad altri cimenti, ad usare altre armi, quelle spirituali. Questa ipotesi, che in effetti è un fatto, viene confermata da un'altra vicenda, che sulla strada tra Spoleto e la Puglia lo blocca e lui non andrà mai in Puglia, non sarà un glorioso soldato, perché la sua conversione era in corso di sviluppo. Secondo il buon Tommaso, la conversione di san Francesco, presenta delle incoerenze accentuate dalla differenza di tono tra la *Vita Prima* e la *Vita Secunda*. La conversione sarebbe presentata nella *Vita Prima,* in una prospettiva spirituale o psicologica e nella *Vita Secunda,* in una prospettiva religiosa o mistica. In ogni caso è significativo che, malgrado il Santo abbia avuto una improvvisa illuminazione, di brusco mutamento, che secondo noi avvenne all'improvviso, quando era in viaggio per la Puglia. Non la pensa così Tommaso, che afferma che il mutamento si svolge nell'arco di quattro o cinque anni, seguendo un itinerario che passa attraverso molti episodi. L'eire iniziale, si verifica durante una malattia, che gli durò dei mesi, ma sulla quale non sappiamo gran che, ma da quel momento essa segna il tratto essenziale della personalità fisica di Francesco.   Egli è un uomo malato, soffrirà fino alla morte di due malattie, una agli occhi e l'altra al sistema digestivo, stomaco, milza, fegato. I suoi viaggi, le prediche, le fatiche e le pratiche ascetiche, aggravarono ancora di più il suo stato di salute. Ma egli non si lamentava, dicendo che il corpo è lo strumento del peccato, quindi sotto questo aspetto, il corpo è nemico dell'uomo:

"....vi sono molti i quali quando fan peccato o ricevono alcun torto, spesso incolpano il nemico o il prossimo. Ma non è così: poiché ognuno ha in suo potere il nemico, cioè il corpo, per mezzo del quale pecca"

Ma il corpo è anche l'immagine materiale di Dio, anzi di

Cristo, se parliamo del corpo, perché l'immagine di Dio è lo spirito.

"Considera, uomo, in quale stato eccellente ti ha messo il Signore, perché ti ha creato e formato ad immagine del suo Figliolo prediletto secondo il corpo ed a sua somiglianza secondo lo spirito".

Lui dice che bisogna mortificare il corpo, ma per porlo, come anche l'anima, a servizio dell'amore di Dio. Francesco non amava affatto i medici ai quali preferiva il solo vero medico, cioè il Cristo. Ma cede alle pressioni di frate Elia, che lo persuade a consultare i medici del Vaticano, in quanto la malattia agli occhi lo stava rendendo quasi cieco, lo fece citandogli le parole dell'Ecclesiasta, che recitano così:

"Altissimus de terra creavit medicinum et vir prudens non abborrebit eam" (l'Altissimo ha creato la medicina della terra e il saggio non la disprezza)

Così durante il suo soggiorno a Rieti, domanda a un suo compagno:

"Vorrei che tu in segreto ti facessi dare in prestito una cetra, la portassi qui, e così con qualche onesto suono daresti un po' di sollievo al mio corpo pieno di dolori."

Ma il frate teme le dicerie che possano scaturire nel sentire in un luogo di dolore suonare la cetra, quindi è restio nel farlo. Francesco gli disse:

"Allora fratello non ci pensiamo più! E' bene rinunziare a molte cose, per non offendere l'opinione comune."

Ma nella notte, sopraggiunse un angelo che si mise a suonare la cetra al suo capezzale, sostituendo il frate timoroso.

La cronologia di questa frase, che ci viene tramandata da Tommaso da Celano, nella sua dettatura è molto confusa. Un primo atto, sembra collocarsi al momento della mancata partenza per la Puglia, dove Francesco, incontra un cavaliere vestito di stracci e gli dona il suo mantello, questo gesto, vero o falso che sia, comunque è una manifestazione di carità che tende a fare di Francesco un nuovo san Martino, anche se Tommaso non manca di stabilire questo parallelo, sottolinea come questa generosità si risolva a vantaggio di Francesco, in quanto lui ha donato tutto il suo mantello, mentre Martino ne donò solo la metà. Questo stabilisce la diversa personalità tra i due santi. San Francesco è dall'inizio il santo del dono integrale.

Rientrato ad Assisi i compagni lo eleggono capo o re della gioventù, secondo un vecchio rito folcloristico. Ma lui, come capo o re, si allontana sempre più dai suoi sudditi, recandosi in meditazione in una grotta, in compagnia di un solo amico, confidente intimo dei suoi pensieri. A questo amico, gli rivela ciò che sarà per lui il tesoro nascosto, cercare per lui il matrimonio consono al suo credo, il tesoro sarà la saggezza divina e la sposa la vita religiosa. Così si prefigura il tema delle nozze con Madonna povertà, alla quale si avvicina sempre più.

Il sospetto di questa sua mutazione ce lo fornisce Tommaso, che lo descrive a Roma, dove egli si mescola con la folla dei mendicanti davanti alla basilica di San Pietro, dove rimane indignato nel vedere la mediocrità delle offerte fatte dal Papa ai poveri, così fece dono, ai mendicanti, di quanto portava con se, una partita di merce, che il padre gli aveva comandato di andarla a vendere nella città. Non solo distribuì il denaro ricavato ai poveri, ma scambiò le sue vesti con un mendicante e si mise a chiedere l'elemosina davanti alla porta di San Pietro.

Un altro episodio è quello della Chiesetta di san Damiano, che era in rovina, e al parroco mancavano i mezzi per poterla riparare. Francesco raccoglie, nella casa paterna, un ingente quantità di stoffe, la carica sul miglior cavallo della sua scuderia e partì per Foligno dove vendette sia le stoffe che il cavallo, tornando a piedi ad Assisi. Dove donò tutto il ricavato al povero parroco. Il padre, furibondo per la perdita della sua preziosa merce, lo fa ricercare dappertutto. Egli si nasconde nella cantina di una casa abbandonata, dove il suo amico provvide a fargli pervenire viveri e quant'altro avesse bisogno. Il padre, decise di denunciarlo ai consoli, non tanto per il danno poco oneroso subito, ma per cercare di ritrovarlo e punirlo per quanto aveva osato fare. Alla fine, Francesco decise di assumersi le sue responsabilità abbandona il nascondiglio e si reca ad Assisi, tra i suoi concittadini. Era molto smagrito per le privazioni che aveva subito durante la latitanza, che quasi non lo riconoscevano. Egli si accusò pubblicamente di inettitudine e di fannullaggine, con un'accorata performance della sua ascetica eloquenza, la gente rimase basita da questo suo cambiamento, che cominciò a prendersi burla di lui, trattandolo da pazzo scagliandogli contro pietre e fango. Questo episodio è la prefigurazione della persecuzione e della ricerca del martirio, un'imitazione di Cristo oltraggiato fustigato, insomma l'Ecce Homo. Il padre che è accorso al clamore della folla, lo afferra e lo rinchiude, in catene, in una segreta della casa. Dopo qualche giorno, la madre, mossa a compassione, lo libera. Francesco, cerca rifugio presso il vescovo, ed in presenza di questo, come testimone garante e protettore, difronte al padre furente di rabbia, compì l'atto solenne, che segna la liberazione dalla vita precedente, rinunciando a tutti i suoi beni, si sveste completamente ed indossa il saio del frate. Questo ci racconta Tommaso:

"...non sopportò indugi o esitazioni, non aspettò né fece parole; ma immediatamente, depose tutti i vestiti e li restituì al padre e si denudò totalmente davanti a tutti dicendo al padre: "Finora ho chiamato te, mio padre sulla terra; d'ora in poi posso dire con tutta sicurezza: Padre nostro che sei nei cieli, perché in lui ho riposto ogni mio tesoro e ho collocato tutta la mia fiducia e la mia speranza"

Francesco diede così inizio ad un nuovo percorso di vita. Il vescovo Guido lo coprì pudicamente agli sguardi della folla, pur non comprendendo a pieno quel gesto plateale. Con quest'atto di manifesta protezione si volle leggere l'accoglienza di Francesco nella Chiesa. Certamente stava rompendo con la vita vecchia, ma ancora non era pronto per quella nuova.

Tra i primi passi che compie ci sono quelli rivelatori alle sue incertezze, della sua difficoltà a trovare il verbo giusto per passare da una vita agiata, all'altra piena di privazioni. Tommaso ci racconta un altro aneddoto:

"Un giorno, mentre canta, in francese lodi a Dio in una foresta, una banda di briganti piomba su di lui: "Chi sei?" "Sono l'araldo del gran Re" Quelli lo riempiono di botte e lo gettano in un fossato pieno di neve: Va dunque, villano che ti scambi per l'araldo di Dio".

Questo dimostra che c'erano ancora degli ostacoli da superare. Un altro grande passo fu fatto, che è il solo che Francesco menziona nel suo testamento, quando evoca la sua conversione:

"Il Signore così donò a ma, frate Francesco, di cominciare a far penitenza: quando ero ancora nei peccati, mi pareva troppo amaro vedere i lebbrosi, e il Signore stesso mi condusse tra loro e con essi usai misericordia: quando me ne allontanai, quello che prima mi pareva amaro, tosto mi si mutò in dolcezza d'animo e di corpo. Indi attesi poco e uscii dal mondo"

Anche il suo atteggiamento nei confronti delle altre persone mutò radicalmente: Un giorno incontrò un lebbroso e, oltre a dargli l'elemosina, lo abbracciò e lo baciò. Come racconterà lo stesso Francesco, prima di quel giorno non poteva sopportare nemmeno la vista di un lebbroso. Dopo questo episodio, scrisse che:

"...ciò che mi sembrava amaro, mi fu cambiato in   dolcezza d'anima e di corpo"

Il famoso bacio al lebbroso, ha fatto entrare nella sua vita la consapevolezza che niente poteva dargli ripugnanza neanche verso i lebbrosi, questo sentimento era stato scacciato dalla sua misericordia, dalla carità per i sofferenti e per il soccorso ai più derelitti. Così ci racconta Tommaso da Celano.

"Alla chiesetta di san Damiano, lui interroga il crocifisso, in cui si incarna in lui una nuova devozione per il Cristo sofferente. Ed quel giorno Gesù gli disse: "Francesco va e ripara la mia casa che come vedi è tutta in rovina."

Ma Francesco non aveva capito il simbolismo del verbo, ciò che cadeva in rovina erano in effetti le case spirituali. non materiali. Così lui prese alla lettera le parole del crocifisso, piglia la cazzuola si arrampica sui ponteggi e diventando muratore comincia a restaurare la chiesa. Restaurato san Damiano, Francesco lavora presso la Porziuncola, un oratorio sperduto nei boschi presso i due lebbrosari, di Santa Maddalena e di San Salvatore. Secondo ciò che afferma San Bonaventura, la Porziuncola è il luogo che Francesco amò più al mondo. In quel luogo si compie l'ultimo atto della sua conversione, ed infine quello della sua vita.

Ma Dio parla ancora a Francesco, lo fa attraverso la voce del prete che nell'oratorio della Porziuncola, legge il Vangelo, precisamente il capitolo X di Matteo, che Francesco probabilmente non aveva mai sentito. Il prete comincia così la sua lettura:

"Non andate tra i pagani e non entrate in nessuna città dei Samaritani, ma andate piuttosto verso le pecore perdute della casa d'Israele, andando, predicate e dite: il regno dei cieli è vicino. Guarite gli ammalati, resuscitate i morti, mondate i lebbrosi, scacciate i demoni; gratuitamente avete ricevuto, gratuitamente date. Non provvedetevi d'oro ne d'argento, ne di rame nelle vostre cinture. Ne di sacca da viaggio, ne di due tuniche, ne di calzari, ne di bastone, perché l'operato è degno del suo nutrimento. In qualunque città o villaggio sarete entrati,

informatevi se vi sia li qualcuno degno di ospitarvi e abitate da lui finché partirete. Se quella casa ne è degna, venga la vostra pace su di essa; se invece non ne è degna, la vostra pace torni in voi. Se qualcuno non vi riceve ne ascolta le vostre parole, uscendo da quella casa e da quella città, scuotete la polvere dai vostri piedi, in verità vi dico che il paese di Sodoma e di Gomorra, nel giorno del giudizio, sarà trattato con meno rigore di quella città."

A queste parole Francesco, con euforia, salta su dicendo:

"Ecco ciò che io voglio, che cerco, che desidero fare dal fondo del cuore"

Così Bonaventura ci racconta:

"Traboccante di gioia, si scalza, getta il bastone e non tiene che un solo saio che ferma in vita con una corda in guisa di cintura; l'adorna di un immagine della croce, ed esso è così ruvido che egli vi crocifiggerà la carne coi suoi vizi e le sue colpe, così misero e così laido che nessuno al mondo glielo invidierà"

Questo 12 ottobre del 1209, è il terzo anno dalla conversione di Francesco che ha ventisette anni. Egli da convertito diviene missionario. San Francesco d'Assisi è nato. I francescani stanno per nascere.

Arrivata l'estate e placatosi lo scandalo sollevato dalla rinuncia dei beni paterni, Francesco ritornò ad Assisi. Per un certo periodo se ne stette solo, impegnato a riparare alcune chiese in rovina, come quella di San Pietro (al tempo, fuori le mura), la *Porziuncola* a Santa Maria degli Angeli e a San Damiano. I primi anni della conversione furono caratterizzati dalla preghiere e dal servizio ai lebbrosi, dal lavoro manuale e dall'elemosina. Francesco scelse di vivere nella povertà volontaria, ispirandosi all'esempio di Gesù Cristo, lanciando un messaggio opposto alla società duecentesca dalle facili ricchezze. Francesco rinunciò alle attrattive mondane, vivendo gioiosamente come un uomo unto dell'usbergo della fede, dimostrando come la sua obiezione ai valori fondanti della società di allora potesse generare una perfetta letizia. In questo senso il suo esempio aveva un che di sovversivo.

Il 24 febbraio 1208, giorno di San Mattia, dopo aver ascoltato il passo del Vangelo secondo Matteo, nella chiesetta della Porziuncola nella campagna di Assisi, Francesco sentì fermamente di dover portare la Parola di Dio per le strade del mondo. Iniziò così la sua predicazione, dapprima nei dintorni di Assisi. Ben presto altre persone si aggregarono a lui e con le prime adesioni, si formò il primo nucleo della comunità di frati. Il primo di essi fu Bernardo di Quintavalle, suo amico d'infanzia. Tra gli altri si ricordano: Pietro Cattanei, Filippo Longon di Atri, frate Egidio, frate Leone, frate Masseo, frate Elia da Cortona e frate Ginepro. Insieme ai suoi compagni, Francesco iniziò a portare le sue predicazioni fuori dall'Umbria. Secondo le fonti del tempo, le sue sono prediche semplici e di grande presa. Quando Francesco parla, riesce a conquistare gli ascoltatori.
Nei fioretti di San Francesco, si narra ad esempio che a Cannaia, gli abitanti rimangono affascinati dalle sue parole, a tal punto da suscitare una sorta di conversione di massa. È in questa circostanza che Francesco pensa alla creazione del *Terz'Ordine* oggi denominato *Ordine Francescano secolare*. Secondo un'interpretazione che associa la nascita del Terzo ordine Francescano al miracolo del *"silenzio delle rondini"*. Questo si può desumere dagli scritti del biografo Tommaso da Celano, che la fondazione (o almeno la promessa) da parte di San Francesco di istituire il Terz'Ordine Francescano è stata fatta nel 1212 ad Alviano, un borgo tra Orte e Orvieto, poco distante da Todi. La stessa esegesi è possibile contemplarla nella *"Leggenda Maior"* di San Bonaventura.

Di ritorno da Roma, i frati si installarono in un tugurio presso Rivotorto, sulla strada verso Foligno, luogo scelto perché vicino ad un ospedale di lebbrosi. Tale posto tuttavia era umido e malsano, e i frati dovettero abbandonarlo l'anno successivo, stabilendosi presso la piccola badia di Santa Maria degli Angeli sulla pianura del Tescio, in località Porziuncola. Situata in un posto solitario in mezzo al bosco di cerri, che gli fu concesso da San Benedetto del Subusio. La pacifica rivoluzione che il nuovo Ordine stava compiendo cominciò ad essere palese a tutti. Iniziarono però anche i primi problemi: Francesco temeva che, ingrandendosi senza controllo, la fraternità dei Minori deviasse dai propositi iniziali. Per dare l'esempio e per potersi dedicare completamente alla sua missione, nel 1220 Francesco rinunciò al governo dell'Ordine in favore dell'amico e seguace Pietro Cattani, che però morì l'anno seguente. Al successivo Capitolo Generale (detto *"delle Stuoie"*, giugno 1221 venne scelto come vicario frate Elia. Nel 1223, con la bolla *"Solet annuere"*, Papa Onorio III approvò definitivamente la *"Regola seconda"* (che rispetto alla prima è più corta e contiene meno citazioni evangeliche), che fu redatta con l'aiuto del Cardinale Ugolino d'Ostia (il futuro Papa Gregorio IX.)

La doppia stesura della regola a distanza ravvicinata testimonia un ripensamento a fronte di difficoltà nel progetto; Francesco, pur non condannando in sé né la ricchezza, né la sapienza, né il potere, si rendeva conto che i frati che liberamente avevano deciso di seguirlo e di seguire la sua regola di vita stavano diventando colti e accettavano doni e ricchezze (anche se formalmente questi erano incamerati dalla Santa Sede). Non è difficile immaginare che qualcuno, magari usando la scusa di poter meglio servire il prossimo, avesse richiesto più volte una limatura della regola del 1221 e alla fine Francesco cedette, pretendendo però questa volta una fedeltà assoluta, accettandola senza commento, cioè senza interpretazioni.

La vita stessa di Gesù e di Francesco comporta un'analisi di confronto. Vi sono molte analogie tra le esperienze dei due predicatori e taumaturghi, anche se Gesù fu crocifisso un millennio prima. All'epoca il Vicino Oriente pullulava di profezie messianiche, e Gesù era assai più esposto al contatto con la folla che lo ascoltava, mentre Francesco predicava ad un numero esiguo di seguaci, e poi anche lui aveva dodici apostoli che lo seguivano. Numerosi furono i contemporanei di Francesco, che pensarono potesse essere lui il nuovo Messia. E' nel mondo in cui i posteri li hanno rispettivamente recepiti che risiede, in un primo luogo, la loro diversità: Per un miliardo di cristiani in tutto il mondo, oggi Gesù è il Cristo, il figlio di Dio eternamente vivo, nel cui nome l'umanità intera può sperare nella salvezza. Mentre Francesco verrà ricordato come il frate poverello che ha rinunciato agli agi del benessere e della ricchezza per sposare Madonna la povertà.

San Francesco d'Assisi, non ha lasciato molti scritti che ci hanno dato possibilità di capire il suo percorso di uomo pregno di santità. Un nuovo tipo di santo, la cui santità si è rivelata più che attraverso i numerosi miracoli che ha compiuto, ma anche nello sfoggio naturale delle sue virtù, rare e splendide, nell'arco intero di una vita per altro non proprio semplice. Era amico e fratello di tutte le creature viventi, ha riposto tutta la sua sollecitudine e fraterna comprensione in tutti donando tanta carità nel senso più elevato della parola, cioè amore. Naturalmente è stato ricambiato dalla storia mostrando per lui, Santo, una incondizionata simpatia, stima e una affettuosa ammirazione. Tutti coloro che ne hanno sentito parlare o hanno scritto di lui, senza distinzione di ceto sociale e religioso, cattolici, cristiani, atei, miscredenti, tutti sono stati toccati dal suo affascinate e misericordioso percorso.

Nel 1210 fondò l'ordine dei frati francescani, e nel 1212 quello femminile delle suore Clarisse. Questa nuova *"forma di vita"* attirò anche le donne. La prima fu Chiara Scifi, figlia del nobile di Assisi, Favarone di Offreduccio. Nella notte della Domenica delle Palme del 1212 a Santa Maria degli Angeli, chiese a Francesco di poter entrare a far parte del suo ordine, e quella stessa notte ricevette l'abito religioso (il Saio dal santo). Francesco la sistemò per un po' di tempo prima presso il monastero benedettino di Bastia Umbra, poi in quello di Assisi. In seguito, quando altre ragazze, fra cui anche la sorella di Chiara, Agnese seguirono il suo esempio. presero dimora nella chiesetta di San Damiano e diedero inizio a quello che in futuro saranno le clarisse, alle quali fecero parte Sante come Caterina da Bologna, Camilla Battista da Varano ed Eustochia da Montecasale, dove insediò una piccola comunità di seguaci e dove ripetutamente farà poi sosta nei suoi viaggi.

Nel 1939 Papa Pio XII lo proclama Patrono d'Italia insieme a santa Caterina da Siena. I profondi legami che lo uniscono alla sua amata terra, alla sua città posta ai margini tra pianura e montagna, alla sua Assisi, alla sua Umbria, piena di silenzi e di rumori, di luce e di ombre, abitata da un popolo semplice, tranquillo e appassionato, in armonia con la terra, gli alberi, i fiumi e gli animali. Come gli uccelli e le cicale che venivano a cantare sulla sua mano. Da quando era in vita, poesia, leggenda e verità, fanno talmente parte del suo personaggio, della sua vita, delle sue azioni e dei suoi miracoli che si confondono tra loro. Il semplice limpido misericordioso San Francesco, è oggetto di tanti racconti di tanti ritratti, che si immerge in una delle pagine più intrigate della storiografia medievale. Egli ci ha lasciato degli scritti, ma pochi o nessuno parlano di se stesso in prima persona, se non in poche allusioni, come ad esempio nel *Testamento*, che è il più autobiografico dei suoi scritti. Egli racconta che ha sempre cercato di lavorare con le sue mani in modo che gli altri frati della sua confraternita facessero altrettanto:

"....ed io con le mie mani lavoravo, come voglio lavorare; e voglio che lavorino tutti gli altri frati di onesto lavoro..."

Purtroppo uno dei suoi scritti più importanti, *la prima Regola,* che, nel 1209 scrisse per i suoi compagni, è andata perduta. Comunque ci è giunto quello che probabilmente è il suo capolavoro, cioè, *"Il Cantico delle creature."* Se non fossero andati perduti, altri cantici, alcuni scritti in latino, altri in italiano ed altri in francese, avremmo saputo molto di più di Francesco poeta. Ci restano alcuni testi considerati secondari, che ci forniscono interessanti documentazioni non prive di importanza per capire la complessità del pensiero di Francesco. Come ad esempio le sue lettere, come quella nota sotto il nome di *Lettera ai reggitori dei popoli* indirizzata:

"a tutte le podestà, a tutti i consoli, giudici e rettori del mondo intero e a tutti gli altri a cui il documento può pervenire"

Egli aveva dato un peso importante a questa lettera, che nel suo testamento aveva dichiarato:

"Il ministro generale e tutti gli altri ministri e custodi per obbedienza siano tenuti a non aggiungere e a non togliere nulla a queste parole. Anzi abbiano sempre con sé questo scritto con la regola, leggano anche queste parole"

Comunque, gira e rigira, i dati essenziali della vita di San Francesco d'Assisi, gravitano attorno a due personaggi, che rappresentavano, l'uno i francescani moderati, cioè, Tommaso da Celano e l'altro, San Bonaventura, quelli rigorosi. Solo che, come al solito nelle storie ecclesiastiche, c'è sempre lo zampino della chiesa, che doveva fare propaganda su gli avvenimenti che gravitavano intorno ad essa e quindi venivano così distrutte tutte le prove che non erano consone alla dottrina che imponevano. Quindi occorre notare che si sono ritrovati con maggior facilità i manoscritti del cronista moderato, che quelli del cronista rigoroso. Sicché quello che oggi ci giunge e costituisce la divulgazione più prolifica delle fonti francescane, è sopratutto quella critica e faziosa che la chiesa ha censurato. Così le opere, quelle moderate, non sono di facile interpretazione, in quanto sono troppo faziose e fantasiose, che fanno tutte capo al francescano moderato Tommaso da Celano, come per esempio l'episodio della chiesetta di san Damiano, dove il biografo ci racconta la storia di Francesco che interroga Dio e Dio gli risponde. Difficile da credere. Tommaso, rinomato per l'eleganza e lo stile poetico, compose le biografie di Francesco, su richiesta di alte personalità ecclesiastiche. In principio scrisse sotto la sollecitazione di Papa Gregorio IX, una delle vite di san Francesco, la *Vita Prima* composta nel 1228. Questa opera, che è molto documentata, ma Tommaso filtra tutti gli avvenimenti che in qualche modo sono in contrasto col verbo della chiesa. Ad esempio, egli mette in luce frate Elia, che allora era potentissimo, ispirandosi ai modelli agiografici tradizionali. Oltre alla vita di Francesco gli furono commissionate altre vite: la vita di san Martino, di Simplicio Severo e la vita di Gregorio Magno. Nel 1244, Crescenzio da Jesi, Generale dell'ordine dei francescani, ordinò a Tommaso di integrare la *Vita Prima* con un'altra vita, la quale avrebbe dovuto fornire nuovi elementi ai frati che non avevano conosciuto Francesco. Chiese a tutti coloro che potevano essere d'aiuto a Tommaso, di scrivere, naturalmente a suo uso e consumo, i loro ricordi sul Santo. Tra coloro che aiutarono Tommaso nella sua nuova opera, c'erano tre frati che avevano conosciuto bene Francesco: frate Rufino, frate Angelo e frate Leone. Questa collaborazione, complica ancora di più il problema dalla lettura della *Vita Secunda*. Nella lettera che questi compagni avevano indirizzato a Tommaso nel 1246, i tre frati affermano:

"...anziché riferire miracoli che in verità non costituiscono la santità ma soltanto la manifestano, abbiamo piuttosto badato a far conoscere la vita edificante e le vere intenzioni del nostro beatissimo Padre..."

Però questa nuova concezione della santità, non era proprio la concezione progressista che la chiesa poteva approvare per la folla di fedeli che erano abituati ad essere appagati dalla loro povertà, dai sedicenti miracoli, che alleviavano le loro indigenze dandogli quella speranza di riscossa che la fede poteva procurargli. Quindi, Tommaso, su richiesta del nuovo Generale, Giovanni da Parma, dovette redigere nel 1253 un *Trattato sui miracoli* di san Francesco. Anche se si tratta sopratutto di miracoli compiuti dal Santo dopo la sua morte e il trattato, non sia altro che complementare alle due vite, questo non significa che sia un passo indietro della biografia del Santo. La biografia di Tommaso, presenta numerose lacune e grandi incertezze, anche perché il personaggio chiave, sia come informatore, sia come autore, è frate Leone, confessore di Francesco, quindi era particolarmente in grado di conoscere molti dettagli della vita interiore del Santo. Ma nessuna delle sue opere si può considerare, autenticamente scritta dalla sua penna, probabilmente non è l'originale indirizzata a Tommaso, che questi avrebbe modificato le fonti leoniane dietro ordine del Papa.

Tra gli altri testi che forniscono dati biografici di San Francesco, bisogna riservare un posto a parte a due opere di carattere più leggendario che storico, ma che hanno avuto una parte di primo piano nella mitologia francescana. La prima: *Il Sacrum Commercium beati Francesci cum domina Paupertate* (Le sacre nozze del Beato Francesco con Madonna povertà) composta nel 1227, la quale esprime un tema nato senza alcun dubbio durante la vita del Santo, divulgandola con grande espansione. La seconda, i *Fioretti,* che è compilata in italiano e che raccoglie, circa un secolo dopo la morte del Santo, dei brevi racconti edificanti. Quest'opera, molto popolare, appare più vicina alle fonti autentiche di quanto non si sia pensato, essa porta il segno profondo dell'influenza degli spirituali e ristabilisce un certo equilibrio che era stato travisato nel San Francesco dettato sotto sorveglianza del Vaticano. L'opera rivela che San Francesco ha ispirato ben presto una letteratura, quella autentica, dove leggenda e storia, realtà o finzione poesia e verità sono intimamente ed indelebilmente legate tra loro.

"Dalla sua voce che è come un fuoco ardente"

Le opere scritte da San Francesco si possono suddividere in: Regole ed Esortazioni, Lettere, Lodi, e Preghiere. Quasi tutti questi scritti sono stati dettati dal santo (e perciò non autografi), però la loro attribuzione non sembra essere messa in dubbio dagli studiosi. Uno dei suoi capolavori è: *Il Cantico di frate Sole,* detto anche, *Cantico delle creature:*

"Altissimo, onnipotente, bon signore, tue so le laude, la gloriae l'onore onne benedizione. A te solo Altissimo, se confano e nullo è digno è mentovare. Laudato sie, mi signore, con tutte le tue creature, spezialmente messer lo frate Sole, lo quale è iorno, e illumini noi per lui. Ed è bello e radiante con grande splendore: de te, Altissimo, porta significazione. Laudatosi, mi Signore, per sora Luna e le stelle:in cielo l'hai fornite clarite e preziose e belle. Laudato si, mi Signore, per frate vento, e per Aere e Nubilo e Sereno e onne tempo, per lo quale a le tue creature dai sustentamento. Laudo si, mi Signore per sor Aqua, la quale è molto utile e umile e prezioa e casta. Laudato si, mi Signore, per frate Foco, per lo quale enn'allumuni la nocte: ed

ello è bello e iocondo e robustoso e forte. Laudato si, mi Signore, per sora nostra madre terra, la quale ne sostenta e govena, e produce diversi fructi con coloriti fiori ed erba. Laudato si, mi Signore per quelli che perdonano per lo tuo amore e sostengono infirmitate e tribulazione. Beati quelli che'l sostengono in pace, ca da te, Altissimo, sirano incoronati. Laudato si, mi Signore, per sora nostra Morte corporale, da la quale nullo amo vivente po' scampare. Guai a quelli che morranno ne la peccata mortali! Beati quelli che troverà ne le tue snctissime voluntati, ca la morte seconda non li farà male. Laudate e benedicite mi Signore, e rengraziate e serviteli con grande umultate.

Francesco comincia a predicare, ad Assisi, dentro e presso la chiesa, dove da fanciullo, aveva compiuto la sua educazione religiosa, cioè la chiesa di san Giorgio che oggi è inglobata in quella di Santa Chiara, dove sarà sepolto, in un primo momento, per poi essere definitivamente tumulato nella basilica di Assisi. Il suo primo convertito, nell'anno 1209, è un uomo di cui non si sa nulla, Poi un ricco, suo grande amico, Bernardo da Quintavalle che, tornato dalle crociate, vendette tutti i suoi averi e donò il ricavato ai poveri e si unì al Santo. Il terzo è un giurista e canonico Pietro Cattani, altro suo assistente che sarà poi il suo successore nel 1220. Il quarto è frate Egidio. Comincia così la sua predicazione itinerante, che di volta in volta, si noterà una tappa segnata da un episodio celebre e significativo e cercheremo di soffermarci sui punti estremi dei viaggi, verso Roma o fuori dall'Italia che il Santo con i suoi discepoli ha compiuto. Tranne qualche breve sosta, Francesco e i suoi compagni, saranno sempre in cammino a predicare in città e villaggi il verbo di Dio. Ma il suo campo itinerante è sopratutto in Italia, da Roma a Verona, nell'Umbria e nelle Marche. La sua prima missione la compie ad Ancona, che sarà un importante centro francescano. Poi quando i discepoli diventeranno otto, egli li invia due a due, come faceva Gesù Cristo con i suoi discepoli come dice Marco nel suo vangelo:

"Gesù andava attorno per villaggi circostanti, insegnando. Poi chiamò a se i dodici e cominciò a mandarli a due a due e diede loro potere sugli spiriti, Comandò loro di non prendere niente per il viaggio; né pane, né sacca, né denaro nella cintura, ma solo un bastone."

Anche Luca parla di questo nel suo Vangelo:

"Il Signore designò altri settanta discepoli e li mandò due a due davanti a se in ogni città e luogo dov'egli stesso stava per andare. E diceva loro: La messe è grande, ma gli operai sono pochi; pregate dunque il Signore della messe perché spinga degli operai nella sua messa"

Va lui stesso sempre con un compagno. Manda frate Bernardo e frate Egidio alla volta di san Jacopo di Compostella, mentre lui col suo compagno si reca nella valle di Rieti ritornando con nuovi seguaci, fra cui, frate Angelo, che con frate Leone e frate Rufino, formerà il gruppo dei tre compagni, di cui abbiamo già parlato. Così, gli apostoli sono diventati dodici come quelli di Gesù. Come in ogni esordio i successi si alternano alle sconfitte. I successi, sono di grande incoraggiamento, nel confermare la missione di Francesco, mentre le sconfitte lo faranno inquietare. Durante il primo itinerario nelle Marche, egli, insieme ai suoi compagni è stato preso per pazzo. Bernardo ed Egidio, sono stati male accolti a Firenze. Come da copione papale, Tommaso da Celano, non menziona le sconfitte, ma esalta con buona lena i successi. Mentre i tre compagni, Angelo, Leone e Rufo, liberi del loro pensiero mettono in risalto anche le sconfitte, che poi verranno censurate dal Vaticano.

C'è un altro motivo che inquieta il Santo: Guido, il vescovo di Assisi, che in un primo momento lo aveva protetto, al momento della sua conversione diventa piuttosto ostile e diffidente, quindi Francesco ha dovuto usare tutta la sua forza di persuasione, per convincerlo della legittimità della sua missione e del suo modo di vivere. Alla fine, per non saper leggere e scrivere, il Santo decide di recarsi a Roma, con i suoi compagni, per chiedere al Papa l'approvazione della condotta, sua e dei suoi seguaci.

Nel 1209, quando Francesco ebbe raccolto intorno a sé dodici compagni, si recò a Roma per ottenere l'autorizzazione della regola di vita, per sé e per i suoi frati, da parte del Papa Innocenzo III. Dopo alcune esitazioni iniziali, il Pontefice concesse a Francesco la propria approvazione orale per il suo *"Ordo fratum minorum"* a differenza degli altri ordini pauperistici, Francesco non contestava l'autorità della Chiesa, e la considerava come *"madre"*, e le offriva sincera obbedienza. Francesco era la personalità ideale per Innocenzo, che poteva finalmente incanalare le inquietudini e il bisogno di partecipazione dei ceti più umili nel seno della Chiesa, senza porsi come antagonista ad essa scivolando nell'eresia. Del testo presentato al Papa non c'è rimasta traccia. Gli studiosi pensano, tuttavia, che esso consistesse principalmente in brani tratti dal Vangelo, che col passare degli anni, insieme ad alcune aggiunte, confluirono a formare la *"Regola non bollata"*, che Francesco scrisse alla Porziuncola nel 1221.

Arrivato a Roma, Francesco chiede un udienza col Papa, al quale voleva chiedergli l'approvazione della *regola* cioè la fondazione di un nuovo ordine ecclesiastico laico, l'ordine dei francescani. Il testo che Francesco aveva fatto pervenire ad Innocenzo III, purtroppo, come abbiamo già detto, è andato perduto, ci rimane solo la testimonianza di Tommaso che comunque è piuttosto vaga:

"Francesco scrisse per se e i suoi compagni, presenti e futuri, semplicemente in poche parole una formula di vita e una regola essenzialmente composta di citazioni del santo Vangelo di cui desiderava ardentemente realizzare la perfezione"

Sembra che tra Francesco e il Papa ci siano stati tre incontri e che non sia per niente stato facile al Santo, strappare l'approvazione di Innocenzo. I due uomini, uno difronte all'altro, con vedute e pensieri completamente diversi, Innocenzo III, anche se non era il Papa politico che poteva sembrare, era convinto del primato del potere spirituale su quello temporale ed era persuaso che il vicario di Cristo, cioè lui stesso, come alto pontefice, di possedere le due spade e i due poteri, sotto il suo indiscusso dominio, vale a dire, il potere spirituale che secondo lui si otteneva con una delle spade e il potere temporale che si otteneva con l'altra cioè tutti e due con la forza, il primo quello della persuasione, se necessario attraverso l'inquisizione, il secondo con la forza della milizia. Mentre Francesco, non voleva nessun potere voleva solo predicare il verbo di Dio in santa pace. Egli diceva:

"Tutti i frati si guardino di mostrare alcun potere o superiorità specialmente tra loro. Infatti come dice il Signore nel Vangelo: I principi delle nazioni le signoreggiano, e i grandi esercitano il potere; non sarà cosi tra i frati, ma chiunque vorrà essere maggiore tra essi sia come minore"

Per Francesco, non esistono nemici fuori di noi stessi, i veri nemici sono i nostri vizi e i nostri peccati, quindi occorre in ogni modo guardarsi dal giudicare il prossimo. Anche Innocenzo III, vede nemici dappertutto, cosi li combatte scomunicandoli. Egli è il Papa delle scomuniche che elargisce con estrema facilità, lo fece sull'Imperatore, sul Re di Francia, sul Re d'Inghilterra e scaglia la scomunica e l'anatema a chiunque aveva un minimo di voce in capitolo, dagli eretici catari agli albinesi, dai poveri di Lione divenuti i valdesi che non si sono sottomessi al suo potere, contro i quali ha promosso una crociata e cominciò una sanguinosa inquisizione.   Secondo, il cronista inglese Matteo Paris, il primo colloquio, tra i due è stato piuttosto burrascoso. Il Papa finge di scambiare quest'uomo:

"Dalla misera tunica, i capelli arruffati e le immense sopracciglia nere, per un guardiano di porci"

Gli disse con voce alterata:

"Lasciami in pace con la tua regola. Torna piuttosto dai tuoi maiali e fagli tutte le prediche che vuoi"

A queste parole offensive, Francesco si imbratta di letame, e torna davanti al pontefice dicendo:

"Signore ora che ho fatto ciò che m'avete richiesto, abbiate a vostra volta la bontà di accordarmi ciò che con sollecitudine vi chiedo"

Il Papa ravvedutosi, si dispiacque di averlo tanto malamente accolto, e dopo averlo invitato a lavarsi gli concede un altra udienza. Per la prossima udienza Francesco preparò una strategia: Siccome il cardinale Guido d'Assisi si trovava anche lui a Roma, lo contattò per mettere una buona parola, così da preparare la strada d'accesso verso Innocenzo. Guido lo presentò al cardinale Giovanni di san Paolo della famiglia dei Colonna, il quale aveva un buon ascendente col pontefice. Quando però Francesco gli presentò il testo, questi si spaventò per il rigore contenuto nella sua Regola. Tuttavia il cardinale di san Paolo trovò comunque l'argomento capace di toccare il Papa. Quando lo presentò al pontefice, questi in un primo momento lo ritenne non idoneo, dicendo che un argomento religioso e politico nello stesso tempo era una follia. Ma il cardinale lo sollecitò, per il fatto che il testo seguiva l'applicazione completa del Vangelo, così desse al Papa:

"Se ci opponiamo alla richiesta di questo povero con un simile pretesto, ciò non equivarrà forse ad affermare che il Vangelo non può essere messo in pratica e bestemmiare il suo autore Cristo?

Innocenzo rimase scosso, ma non convinto, disse al poverello:

"Figlio mio, va a pregare Iddio di manifestarci la sua volontà; quando la conosceremo saremo in grado di risponderti in tutta

Secondo Tommaso da Celano le cose andarono così: Dopo qualche giorno, Dio manifesta la sua volontà, Innocenzo, fa un sogno: Vede la basilica di San Giovanni in Laterano inclinarsi quasi stesse per crollare, un fraticello, sporco e smunto, la stava sostenendo, impedendole di rovinare a terra. Nel frate del sogno riconobbe Francesco, colui che salverà la chiesa. Così, approvò il testo del Santo, prendendo però delle precauzioni: Dette l'autorizzazione solo verbalmente, senza scritture. Impose ai frati di ubbidire a Francesco e a questi di promettere ubbidienza al Papa. Infine li autorizzò soltanto a predicare, a rivolgere esortazioni morali alla gente. Poi concluse:

"Andate con Dio fratelli e come egli si degnerà a ispirarvi, predicate a tutti la penitenza. Quando il Signore onnipotente vi farà crescere in numero e grazia, ritornate a dirmelo giubilanti, ed io vi concederò più numerosi favori, e vi affiderò con maggior sicurezza incarichi più importanti."

Ma, che Francesco sia rimasto soddisfatto del suo viaggio a Roma ne dubitiamo, anche perché ne parla Tommaso da Celano. Mentre invece, Matteo Pars, lo dipinge per niente soddisfatto dell'accoglienza che i romani gli hanno dato. Così il cronista colloca l'episodio della vita del Santo, al ritorno da Roma, sulla valle di Spoleto, visto che i romani non gli avevano dato ascolto, lui si mise a predicare agli uccelli, che secondo lui erano più meritevoli dei disattenti romani. Egli avrebbe chiamato a se gli uccelli più aggressivi, quelli dai rostri voraci, uccelli da preda, corvi e falchi, e a loro predicò anziché ai miserabili romani. Lo fece imitando Gesù, che anche lui predicò agli uccelli, l'episodio è riportato su l'*Apocalisse* di Giovanni:

"...Egli gridò a gran voce a tutti gli uccelli che volavano in mezzo al cielo: Venite! Radunatevi per il gran banchetto di Dio, per mangiare carne di Re, di capitani, di prodi, di cavalli e cavalieri, di uomini d'ogni sorta, liberi e schiavi, piccoli e

*grandi. E vidi la bestia e i Re della terra e i loro eserciti
radunati per far guerra a colui che era sul cavallo e al suo
esercito."*

Questa manifestazione di aggressività non si confaceva
all'immagine dolce di Francesco, così si può capire come i
cronisti estremisti, abbiano potuto attribuire al fondatore
dell'ordine dei francescani l'analogia tra Roma e la chiesa con
la città maledetta di Babilonia, dove l'Angelo dall'Apocalisse,
invita gli uccelli a gettarsi sulla preda. L'iconografia del XII
secolo celerà questo episodio. La predica agli uccelli è uno
degli episodi più famosi de i fioretti di San Francesco. Secondo
la tradizione, la predica agli uccelli ebbe luogo sull'antica strada
che congiungeva il castello di Cannaraa quello di Bevagna, nei
pressi di Assisi. Oggi il punto dove San Francesco d'Assisi fece
il miracolo è segnalato da una pietra sita in località Piandarca
nel Comune di Cannara, in un'area ancora oggi incontaminata.

Più che la cronaca di un avvenimento, le angiografie
descrivono un passo di vera poesia. Dai fioretti di San
Francesco (cap.XVI):

*"...et venne fra Cannaia et Bevagni. E passando oltre con
quello fervore, levò gli occhi e vide alquanti arbori allato alla
via, in su' quali era quasi infinita moltitudine d'uccelli. E entrò
nel campo e cominciò a predicare alli uccelli ch'erano in terra;
e subitamente quelli ch'erano in su gli arbori se ne vennono a
lui insieme tutti quanti e stettono fermi, mentre che santo
Francesco compié di predicare. Finalmente compiuta la
predicazione, santo Francesco fece loro il segno della croce e
diè loro licenza di partirsi; e allora tutti quelli uccelli si
levarono in aria con maravigliosi canti, e poi secondo la croce
c'aveva fatta loro santo Francesco si divisoro in quattro parti e
ciascuna schiera n'andava cantando maravigliosi canti"*

Tornato ad Assisi, l'abate del monastero benedettino del

Monte Subasio, concesse a Francesco e i suoi frati il permesso di stabilirsi nella cappella della Porziuncola, cui era annesso anche un pezzo di terra da coltivare, la piccola comunità, cresceva a vista d'occhio, di giorno in giorno. A loro si unirono nuovi frati, ad ognuno di loro Francesco, scherzosamente ne dipingeva il carattere, come per esempio a frate Ginepro: *"Perfetto imitatore di Gesù crocifisso"* A frate Rufino: *"Che piange anche nel sonno"* Frate Massimo che fu definito: *"Il francescano tipo"* Frate Lucido, che, non restava mai più di un mese nel medesimo luogo con la scusa: *"Che noi, non abbiamo mai dimora permanente quaggiù"* Ed infine il puro e ingenuo frate Leone il più intransigente e fedele di Francesco, che ne fece il proprio confessore, perché era prete e che lo chiamava: *"Pecorella di Dio.* Ma Francesco abbandonerà spesso la sua residenza per recarsi a predicare, Ad Assisi, in Umbria, nell'Italia centrale e meridionale, portando in giro il suo verbo, nelle carceri, in un isola del lago Trasimeno, a Monte Casale presso Borgo San Sepolcro, e a Fonte Colombo presso Rieti, in un luogo vicino Orte, a Poggio Bustone, in un Oratorio presso Siena, a Cella vicino Cortona, a Sant'Umberto presso Narni, a Sarteano vicino Chiusi, alla Verna ed infine a Gubbio.

Da uomo nuovo Francesco continuò il suo viaggio nell'inverno, partì per Gubbio, dove il giovane aveva da sempre diversi amici, tra cui Federico Spadalonga che aveva condiviso con Francesco anche la prigionia nelle carceri di Perugia. Federico lo accolse benevolmente nella sua casa, lo sfamò e lo rivestì. Ospite degli Spadalonga, Francesco, amante di ogni forma di umiltà, si trasferì dopo pochi mesi presso i lebbrosi restando con loro e servendo a loro tutti con somma cura. Si trattava del lebbrosario di Gubbio che era intitolato a San Lazzaro di Betania e nel suo Testamento. Francesco disse chiaramente che la vera svolta verso la piena conversione ebbe inizio per lui a Gubbio, quando si era accostato a queste persone bisognose.

Francesco non vi ebbe mai una fissa dimora: solo sette anni più tardi, nel 1213 il beato Villano, Vescovo di Gubbio, concesse ai frati di stabilire una loro sede nell'antica Santa Maria della Vittoria, che la tradizione indica come il luogo in cui Francesco ammansì il famoso lupo.

Fra gli svariati racconti che accompagnano e descrivono da secoli la vita e le gesta del frate poverello, spicca senza dubbio l'episodio del lupo di Gubbio. La vicenda narra di un grosso lupo che da tempo terrorizzava gli abitanti del paese di Gubbio (pochi chilometri a nord di Assisi); l'animale selvaggio, affamato e feroce, da anni occupava il territorio boschivo alle porte del paese e secondo alcuni racconti dell'epoca, non disdegnava avvicinarsi a ridosso delle mura della città per procurarsi il cibo. Gli abitanti, disperati e impauriti, si rivolsero a San Francesco, di passaggio in città. Il frate, venuto a conoscenza della situazione, si inoltrò nel bosco per incontrare il lupo. La sua mediazione fece sì che il lupo smettesse di terrorizzare gli abitanti di Gubbio, a patto che questi ultimi si impegnassero a sfamare l'animale quotidianamente. La leggenda narra che il lupo diventò amico di Francesco, al punto che lui lo chiamò frate lupo.

Nel 1212, come abbiamo già detto, si arruolò con Francesco una recluta eccezionale, una nobile giovanetta di Assisi, Chiara che era infiammata dai sermoni del Poverello. Essa fuggì da casa con una sua amica, Pacifica, la domenica Delle Palme, si rifugiarono alla Porziuncola dove Francesco taglia loro i capelli, le riveste con un saio simile al suo e le condusse al monastero delle Benedettine di San Paolo di Bastia a qualche chilometro di distanza, nelle paludi di Insula Romana. Qualche giorno dopo si trasferiscono in un luogo più sicuro, il Monastero di Sant'Angelo sul Monte Subasio, dove a Chiara e

Pacifica si unisce, Agnese, una sorella di Chiara, Francesco le nominerà, Suore *Clarisse,* come i francescani sono frati *Minori.* Il vescovo Guido benedirà questo nuovo ordine di suore. Francesco e Chiara, grandi amici, compiranno il loro cammino missionario insieme fino alla morte di lui. Così Francesco scriverà alle Clarisse:

"Giacché voi siete divenute le figlie e le ancelle del Padre celeste e le spose dello Spirito Santo scegliendo di vivere secondo la perfezione del Santo Vangelo, vi prometto di vegliare su di voi come sui miei fratelli"

Il Santo mantenne solennemente questa promessa e verrà osannato ed ubbidito dalle Clarisse come dai Francescani.

Non dobbiamo trascurare, che secondo i biografi più accaniti, specialmente quelli pilotati dal Vaticano, San Francesco prodigò numerosi miracoli. Cominciando dal 1212, che per la cristianità fu un anno di effervescenza e di speranze per via delle crociate contro i musulmani con un susseguirsi di vittorie e sconfitte che procurarono migliaia e migliaia di morti. Francesco e uno dei suoi frati si imbarcarono in partenza per la Siria. Ma una serie di circostanze contrarie, compreso il vento, l'imbarcazione venne spinta sulla costa dalmata. Sprovvisti di ogni sostentamento e privi di denaro i due si imbarcarono clandestinamente su un altra nave. Durante una tempesta, furono scoperti dall'equipaggio rischiando di essere malmenati, Francesco riesce ad evitare l'assalto dei marinai placando la tempesta perfetta che li stava facendo naufragare. Poi, moltiplicò le scarse provviste tanto da sfamare tutta la ciurma che rischiava di morire di fame per la prolungata bonaccia, che seguì alla tempesta, così fece soffiare un vento che gonfiò le vele e fece rinavigare la nave fino alla meta. Questa è un'alta analogia con Gesù che anche lui sedò una tempesta, e moltiplicò il pane.

Nel 1219 partì di nuovo, per il Marocco dove intendeva convertire i saraceni, ma giunto in Spagna si ammalò e fu costretto al repentino rientro in Italia. Comunque riprese più tardi l'impresa di arrivare in Egitto ed essere ricevuto dal Sultano al-kamil, alias la fiera selvaggia. Nel 1219 si recò ad Ancona per imbarcarsi per l'Egitto e la Palestina dove da due anni era in corso la quinta crociata. Durante questo viaggio, in occasione dell'assedio crociato alla città egiziana di Damietta, dove ottenne dal legato pontificio, il benedettino portoghese Pelagio Galvini, cardinale vescovo di Albano, il permesso di poter passare nel campo saraceno ed incontrare, disarmato, a suo rischio e responsabilità, lo stesso sultano ayyubide al-Malik al-Kimil, nipote di Saladino. Lo scopo dell'incontro era quello di potergli predicare il vangelo, al fine di convertire il sultano e i suoi soldati, e quindi mettere fine alle ostilità. L'interpretazione del rapporto tra Francesco e l'Islam, e le crociate non è facile ed è ancora oggetto di discussione in quanto c'è contrapposizione tra chi vede la sua azione come un sostegno alle crociate o, al contrario, come una loro sconfessione. La narrazione dell'incontro ci è pervenuta, oltre che tramite le opere di biografi francescani, anche attraverso altre testimonianze non tardive, sia cristiane sia arabe. La versione fornitaci da San Bonaventura cita maltrattamenti subiti ad opera dei soldati saraceni e la difesa, da parte di Francesco, dell'operato dei crociati e la giustificazione della guerra agli islamici infedeli. Nel racconto di Tommaso da Celano, Francesco suscitò profonda ammirazione nel sultano, che lo trattò con rispetto e gli offrì numerose ricchezze. Secondo la narrazione agiografica, Francesco subì anche la prova del fuoco, raffigurata in numerosi cicli dipinti. Un cronista arabo scrive:
"Frate Francesco, il quale abbandonò il campo cristiano, senza armi, ma munito dell'usbergo della fede per andare a convertire il sultano, allorché i saraceni lo arrestarono per via,

egli disse: "Sono cristiano portatemi dal vostro Signore": E quando essi l'ebbero condotto, la fiera selvaggia, alla vista di quest'uomo del Signore, fu mosso a mitezza e ascoltò per vari giorni con attenzione le prediche su Cristo che egli tenne a lui e ai suoi."

Poi Frate Francesco dichiarò di essere pronto a:

"...entrare nel fuoco con un prete saraceno, per dimostrargli così compiutamente come la legge di Cristo fosse vera."

Il sultano al-kamil, gli donò un corno rivestito d'oro, che ancora oggi é custodito in una isoletta nella lacuna di Venezia, lo rimandò con tutti gli onori al campo cristiano dicendo:

"Prega per me, e affinché Iddio mi conceda di offrirgli la legge e la fede che più gli aggradano."

Francesco, il solitario giullare di Cristo, fu l'unico a battersi nella crociata con le sole armi della fede. Il cui credo era affine a quello della *Brava Gente,* cioè dei *Catari* e degli *Albinesi.* Ben viva era all'epoca la vicenda dei catari, eretici che predicavano un dualismo Bene-Male portato alle estreme conseguenze. Essi avevano avuto numerosi focolai nella vicina Toscana e si erano ridotti alla clandestinità dopo la sanguinosa crociata albinese del 1019. Francesco avrebbe potuto essere scambiato per un cataro per la sua povertà e la predicazione ai ceti subalterni. Ma Francesco e i suoi seguaci si distinguevano in molteplici aspetti: innanzitutto essi non mettevano in dubbio la gerarchia della Chiesa. Francesco stesso infatti insisteva sulla necessità che si amassero e si rispettassero i sacerdoti. Portato una volta davanti a un prete che viveva notoriamente in peccato, forse affinché cadesse in contraddizione (se egli non lo avesse denunziato si sarebbe potuto dire che era suo complice, se egli lo avesse fatto si sarebbe detto che Francesco non rispettava la gerarchia), Francesco si limitò a baciare le mani di quel sacerdote. Infine la differenza tra l'avversione al *"mondo della Materia"* (il creato) dei catari e l'amore per tutte le manifestazioni di vita di Francesco non poteva essere più stridente. Lo stesso cantico delle creature può essere letto come un perfetto trattato di teologia anti-catara. Comunque il suo amore per la natura e gli animali (come la leggendaria predica agli uccelli in località Piandarca, erano superati solo dall'amore verso gli esseri umani. La pace interiore per Francesco non era una semplice serenità, ma non poteva prescindere dalla capacità di amore, di perdono e la gioia di vivere:

"La sua carità si estendeva, con cuore di fratello, non solo agli uomini provati dal bisogno, ma anche agli animali senza favella, ai rettili, agli uccelli, a tutte le creature sensibili e insensibili. Aveva però una tenerezza particolare per gli agnelli, perché nella Scrittura Gesù Cristo è paragonato, spesso e a ragione, per la sua umiltà al mansueto agnello. Per lo stesso motivo, il suo amore e la sua simpatia si volgevano in modo particolare a tutte quelle cose che potevano meglio raffigurare o riflettere l'immagine di Dio"

La vera tragedia di quei tempi, per il cristianesimo, fu proprio questa, che un uomo come San Francesco d'Assisi fosse isolato, in un momento in cui la chiesa diffondeva la sua dottrina, il suo credo con le armi in pugno, mentre venivano osannati uomini, come ad esempio il potente vicario del Papa Pelagio, che rifiutò la pace e la restituzione di Gerusalemme da parte di al-kamil, che era l'aspirazione di ogni cristiano crociato. Il suo rifiuto fu dettato solo dal principio egoistico di gloria, ma questo egoismo procurò la distruzione dei crociati e la perdita, per sempre, di Gerusalemme, che fu conquistata dal sultano Saladino.

A San Francesco si attribuiscono un elenco sempre più numeroso di miracoli. Ad Ascoli, guarisce dei malati e converte a sua volta una trentina di persone, ad Arezzo le redini di un suo asinello, tenute in mano da una puerpera, quasi moribonda la guariscono, a città della Pieve, uno dei suoi frati, risana i malati con una corda già usata dal Santo come cintura, a Toscanella guarisce uno zoppo e a Narni un paralitico, a San Gemini, tra Todi e Terni e a Città di Castello esorcizza degli ossessi, vicino a Benvegna avrebbe avuto luogo la predicazione agli uccelli e a Gubbio un lupo che lui chiamò *frate lupo,* che divenne il suo più docile ed inseparabile amico. Quando si annuncia la sua venuta in una città o in un villaggio, tutta la popolazione accorre gridando: *"Ecco il Santo!"* Suonano le campane a festa gli vanno tutti incontro, gli offrono del pane perché lo benedica, gli strappano brandelli del saio per adorarlo come reliquia. Nel 1213, durante una festa al castello di Montefeltro, il Poverello, giullare di Cristo unisce la sua voce a quella dei menestrelli profani. Uno degli astanti, il conte Orlando di Chiusi in Casentino, commosso dalle toccanti parole del Santo, gli fa dono del monte della Verna, perché vi fondi un eremo per se e i suoi francescani.

Nel 1213, la chiesa vive un grande evento, il Papa Innocenzo III raduna un concilio in Roma a San Giovanni in Laterano, che poi era il quarto che si teneva in quella chiesa, Nel concilio, egli emana la costituzione di una nuova crociata, e pone le basi per una nuova riforma della chiesa. Questa nuova concezione del pensiero ecclesiastico, sembra essere il desiderio di Francesco. In questa riforma si sono voluti stabilire anche rapporti precisi tra il concilio e Francesco, dove si dice che egli vi abbia partecipato e dove avrebbe incontrato San Domenico, ma non abbiamo conferma di tutto ciò. Comunque sia, Innocenzo III, San Francesco e San Domenico, sia pure con un diverso spirito e con un differente stile, cercarono di portare delle soluzioni ad un unico problema, cioè, quello di schiudere all'umanità nuove vie verso la salvezza. Si tratta inoltre di stabilire le divergenze tra la curia Vaticana e i due Santi. Che il concilio contenesse una minaccia per i due Santi e i loro compagni, questo è ovvio, infatti il canone 13, proibisce formalmente la fondazione di nuovi ordini e il canone 10, prevede l'attività, presso i vescovi, di ausiliari: Non solo per garantire la predicazione ma anche per ascoltare le confessioni, distribuire penitenze e per tutte le altre cose riguardanti la salute delle anime. Questo ruolo subordinato alla gerarchia, era evidentemente contro le intenzioni di Francesco e Domenico, essi si adoperarono con forza per sventare questa grave minaccia che incombeva sul loro operato.

Nel 1216 San Domenico adottò la regola di sant'Agostino per i suoi predicatori, organizzati in confraternita di canonici regolari, costituendo il suo ordine. Quello dei Domenicani. Mentre Francesco procede in modo più discreto, fa attenzione a non trasformare i suoi seguaci in un vero e proprio ordine così da lasciare loro un maggior grado di elasticità nella loro predicazione. Egli si basa sull'affermazione verbale che il Papa gli aveva dato, per giudicare le decisioni del concilio come non concernenti ai suoi fratelli che già erano stati riconosciuti, se pur verbalmente, dal Papa stesso. In ogni caso Francesco dotò i suoi frati di una certa organizzazione resa necessaria dall'accrescimento del loro numero e dell'estendersi della loro attività.

Francesco decide di partire lui stesso per la Francia, insieme a frate Masseo. Passando da Firenze egli si reca in visita dal cardinale Ugolino, che sta organizzando una crociata. Fu allora che il cardinale venne affascinato dal Santo, al punto che gli prodigherà consigli efficaci e suggerimenti di prudenza, persuadendolo dal non fare il viaggio in Francia. Francesco, ascolta i consigli del prelato che lo mise in guardia a non lasciare l'Italia senza prima essersi assicurato di ciò che si lasciava alle spalle. Comunque, Francesco, rinuncia al viaggio in Francia, ma nel 1219 riprende il suo vecchio progetto, recarsi presso gli infedeli, per convertirli o trovarvi il martirio. Si imbarcò ad Ancona il 24 giugno. Arrivato in Egitto, assistette alla presa di Damietta da parte dei crociati. Egli rimase disgustato dalla loro sanguinaria violenza e cupidigia. Poi dopo l'episodio con il sultano, che abbiamo già citato, si recò in Palestina, dove visitò il Santo Sepolcro. Venne, poi a sapere che dei frati partiti per il Marocco avevano subito il martirio. Sconvolto dalla notizia, riceve un emissario che reclama il suo rientro in Italia, a causa della grave crisi scoppiata tra i suoi frati durante la sua assenza. Nell'estate del 1220 si imbarca e nell'autunno giunse a Venezia. Egli si rese conto di non poter riprendere in mano la situazione senza ottenere l'appoggio della curia pontificia e senza farle di conseguenza delle concessioni. Quindi si recò direttamente a Roma. Furono allora prese una serie di misure, più o meno conformi ai suoi desideri. Un anno di noviziato fu imposto a tutti coloro, che da quel momento in poi, volessero entrare a far parte della comunità. Un rappresentante del Vaticano, il cardinale Ugolino, divenne così: *"Protettore, governatore e correttore della confraternita"* Francesco cedette la direzione amministrativa della comunità a Pietro Cattani, alla cui morte che avvenne il 10 marzo 1221, al suo posto subentrò frate Elia. Infine Francesco rimasto il capo spirituale della confraternita, la dovette trasformare in un vero e proprio ordine dotato di una regola che costituisce la *Formula* del 1210.

Nell'attesa di far inquadrare la folla di laici che desideravano entrare nell'Ordine. Fu istituito un *Terzo Ordine* dietro suggerimento del cardinale Ugolino. Questo terzo ordine rispondeva alle intenzioni di Francesco, desideroso di conservare alla sua confraternita quel carattere di piccola comunità di puri, per la quale l'aveva fondata. Secondo

Tommaso da Celano egli avrebbe detto, sospirando:

"Ci sono troppi frati minori! Ah! Venga il giorno in cui la gente, anziché incontrarne ad ogni piè sospinto, si lamenti di vederne troppo pochi."

Ma il terzo ordine, nella forma che gli venne impressa, corrispondeva sopratutto al desiderio della Santa Sede di arginare il flusso francescano e deviarlo a suo favore facendone una milizia laico-religiosa al servizio dei suoi interessi spirituali e temporali. A partire dal dicembre del 1221 il Papa Onorio III utilizzò i numerosi terziari francescani di Faenza contro il partito Imperiale. Il terzo ordine divenne così uno strumento della politica guelfa, e non è un caso che la prima comunità di terzo ordine francescano sia stata fondata a Firenze, città guelfa per eccellenza, nel marzo del 1221, durante un soggiorno di Francesco e Ugolino in questa città.

Comunque la regola secca e giuridica, redatta nel 1221 del terzo ordine, e approvata dal Papa, porta il sigillo di San Francesco. Fu allora che lui dovette approvare l'insegnamento di Sant'Antonio da Padova in un convento di Bologna. Ma la lettera inviata da Francesco ad Antonio di cui è tratta questa ipotesi non è del tutto di sicura autenticità. Onorio III e il cardinale Ugolino avevano chiesto a Francesco di ritoccare il progetto della regola del 1221. Egli si ritirò nell'eremo di Fonte Colombo presso Rieti in compagnia di frate Leone e di un altro compagno, frate Bonizzo, che aveva un pochino di nozioni giuridiche. si rimisero al lavoro di questa impresa difficilissima. Francesco scoraggiato, deluso e amareggiato, mandava via i frati che andavano da lui ad importunarlo perché introducesse nel testo, disposizioni papali contrarie alle sue intenzioni. La regola nell'estate 1223 fu pronta, inviata a Roma, dove subì ancora qualche ritocco da parte del cardinale Ugolino, quindi fu approvata dal Papa Onorio III con la bolla datata 29 novembre 1223, con il nome di *Regula Bullata*. Comunque vi erano state soppresse tutte le citazione evangeliche, i passaggi laici erano stati sostituiti da formule giuridiche. Fu soppresso anche un articolo che autorizzava i frati a disubbidire ai superiori che erano indegni. Anche le prescrizioni relative alle cure da apportare ai lebbrosi furono cancellate. Con molto rammarico e il cuore sanguinante Francesco, controvoglia accettò la regola cosi modificata e mutilata dalle sue citazioni più francescane.

Questo periodo, il 1223, è stato definito, il periodo della sua vita, *l'Epoca della Grande Tentazione*. Tentazione cioè di abbandonare il nuovo Ordine se non l'ortodossia. Alla fine si rassegnò:

"Povero piccolo uomo, perché ti smarristi? Il tuo ordine non è il mio ordine? Cessa dunque di affliggerti e prenditi cura piuttosto della tua salvezza."

Questo gli disse il Signore in sogno. Così Francesco prese in considerazione la sua salvezza, come indipendente dall'ordine che lui stesso aveva creato e si avviò serenamente alla morte.

Tommaso da Celano, ha diviso la vita di San Francesco i due parti, piuttosto sproporzionate cronologicamente. Infatti la seconda parte copre solo i suoi ultimi due anni di vita del Santo, dal 1224 al 1226.

"Francesco s'è ritirato dal mondo: Egli ha abbandonato le folle seguaci che ogni giorno accorrevano piene di devozione per ascoltarlo e vederlo"

Quindi il biografo ha sviluppato la sua biografia dipingendo un Francesco dolce e appassionato votato alla povertà materiale e alla ricchezza spirituale, fautore di miracoli e guaritore dei malati colui che predicava agli uomini e agli animali, ai bambini e ai vecchi ai saraceni, ai laici e agli ecclesiastici, senza chiedere in cambio nulla, solo di essere ascoltato. Egli sapeva benissimo quale crisi stava vivendo la chiesa, sopratutto per via delle crociate che stavano mietendo un numero altissimo di vittime. Così si adoperò con tutte le sue forze per ridare al cristianesimo quel vigore di cui, in quel momento, aveva bisogno, lo fece sacrificando la sua vita, nonostante fosse molto malato. Predicò il verbo di Cristo e del Vangelo, fino all'ultimo estremo delle sue forze, con devozione, vigore e abnegazione, senza mai mostrare nessuna debolezza. Secondo noi Francesco fu un vero Santo, il santo, Santo con la S maiuscola. L'uomo definito salvatore della chiesa, folle immense lo avevano ascoltato acclamato, osannato. Quando predicava il suo credo con la sua forbita eloquenza incantava tutti, convinceva tutti. Il popolo lo adorava, la chiesa lo temeva, per le riforme di cui parlava, per l'anticonformismo, per il modo in cui preferiva sedere a tavola con i peccatori per parlargli di Cristo, per le apparizioni plateali difronte alle folle superstiziose che lo credevano il nuovo messia annunciato. Lo paragonarono a Gesù di Nazareth, questo Francesco d'Assisi.

Il punto però, non è se Francesco possa reggere il confronto a livello metafisico con Gesù di Nazareth, anche se in comune avevano molte cose, in primo luogo la questione dei miracoli, del dono di guarire i malati, della tendenza alla predicazione dell'amore per la gente, anche gli ultimi giorni sulla terra presentano sorprendenti analogie. La maggior parte degli accademici che oggi si dedicano alla ricerca del Gesù storico, concorda sul fatto che il Nuovo Testamento, nella sua forma greca originaria, è opera di autori che non conobbero Gesù, ma scrissero di lui venticinque anni o più dopo la sua morte. E non è soltanto un'interessante coincidenza che il mito di Francesco, come archetipo di Santo, si debba principalmente a biografi che non lo conobbero, ma scrissero di lui molto tempo dopo la sua morte. A parte i suoi contemporanei che lo hanno conosciuto, ma che sono stati pilotati esclusivamente dalla chiesa, quindi ciò che scrissero del Santo va preso col beneficio dell'inventario. Non che siano necessariamente menzogneri, spesso però si accontentavano di riportare semplici voci come fossero dati di fatto o di inventare parole da mettere in bocca del personaggio per rappresentare la sostanza di quanto ritenevano che quel personaggio poteva aver detto.

La chiesa considerava questi metodi non scientifici, sopratutto in assenza di testimonianze letterarie, connaturati all'arte della retorica il cui scopo non era quello di informare ma di convincere. Vi sono altre analogie tra l'esperienza terrena di Gesù e quella di Francesco, Morirono entrambi giovani, anche se Gesù fu crocifisso circa 1200 anni prima, molti contemporanei pensarono che Francesco fosse il nuovo salvatore del mondo. Ma è proprio nel modo in cui i posteri li hanno recepiti che risiede in primo luogo la loro diversità, per un miliardo di cristiani in tutto il mondo, oggi Gesù è il Cristo, il figlio di Dio, resuscitato dopo la morte quindi eternamente vivo, nel cui nome l'umanità intera può sperare nella salvezza. Anche Francesco a suo modo sarà considerato il salvatore dell'umanità, con la sola differenza che egli è morto e morto rimane. Un'altra cosa in comune è che tutti e due si possono pregare e venerare, che in tutti e due l'amore trabocca verso ogni creatura vivente, dalle serpi ai vermi dai cavalli agli uccelli dalle api alle formiche, dagli agnelli, di cui Francesco proibì la vendita, dalle pietre ai quattro elementi. Oltre alla vita attiva Francesco, forse ammalato, sentiva continuamente l'esigenza di ritirarsi in posti solitari per ritemprarsi e pregare, come, ad esempio, l'Eremo delle carceri di Assisi, sulle pendici del monte Subiaso, l'Isola Maggiore sul lago Trasimeno, l'Eremo delle Celle a Cortona. Tali posti offrivano al frate il silenzio e la pace che gli consentivano una più intima preghiera. Tra il 1224 e il 1226, ormai malato gravemente agli occhi, compose il Cantico delle Creature.

Durante la notte di Natale del 1223, a Greggio, Francesco rievocò la nascita di Gesù, facendo una rappresentazione vivente di quell'evento. Secondo le agiografie, durante la Messa, il putto raffigurante il Bambinello avrebbe preso vita più volte tra le braccia di Francesco. Da questo episodio ebbe origine la tradizione del presepe. La scena del presepe che Francesco, per primo aveva imposto nel periodo delle feste natalizie corona questo amore per tutte le cose e gli esseri del mondo.

Dopo la *Grande Tentazione* una lunga calma in cui si alimentano e si mescolano episodi di traboccante tenerezza e di sofferenza, conduce il Santo attraverso una lenta, interminabile ed inesorabile agonia fino al suo ultimo respiro. Il primo episodio, avviene nel Natale del 1223, quando un nobile suo ammiratore che egli aveva particolarmente toccato, Giovanni Velina, signore di Greccio, volle celebrare una grande messa per la natività di Gesù, in mezzo a grotte ed eremi su di un monte scosceso. Francesco, gli chiese se poteva ricostruire la natività di Gesù, Giovanni Velina gli rispose che poteva farlo:

"Come ti suggerisce la tua fantasia ed immaginazione poetica." Egli gli rispose: *"Io desidero ricordare il bimbo che è nato a Betlemme e vedere coi miei occhi carnali le difficoltà della sua infanzia bisognosa, come riposò nella mangiatoia e come, tra il bue l'asino, venne adagiato sul fieno"*

Da ogni parte, quella notte di Natale, la gente del luogo, scalò la montagna, con tanti ceri e torce che la notte fu illuminata. Così Francesco fa rinascere a Greccio la nuova Betlemme allestendo il primo presepio, dove cantò il vangelo,

"Con la sua voce veemente, con la sua voce dolce, con la sua voce chiara, con la sua voce sonora..."

Annuncia le ricompense eterne.

Il 14 settembre del 1224, Francesco ebbe l'ultima visione: al di sopra di lui gli apparve un uomo con sei ali, con le braccia aperte e i piedi uniti inchiodati su una croce. E mentre pieno di gioia e insieme di tristezza, medita su questa visione, Stigmate sanguinanti gli si formano sulle mani e sui piedi ed inoltre una piaga sul costato. Secondo le agiografie, due anni prima della morte, mentre si trovava a pregare sul monte della Verna (luogo su cui in futuro sorgerà l'omonimo santuario), Francesco avrebbe visto un Serafino crocifisso. Al termine della visione gli sarebbero comparse le Stigmate:

"sulle mani e sui piedi presenta delle ferite e delle escrescenze carnose, che ricordano dei chiodi e dai quali sanguina spesso".

Tali agiografie raccontano che sul il fianco destro aveva una ferita, come quella di un colpo di lancia. Fino alla sua morte, comunque, Francesco cercò sempre di tenere nascoste queste sue ferite. Nell'iconografia tradizionale successiva alla sua morte, Francesco è stato sempre raffigurato con i segni delle stigmate. Per questa caratteristica Francesco è stato definito anche "alter Christus". La condivisione fisica delle pene di Cristo offriva un nuovo volto al cristianesimo, partecipe non più solo del trionfo, simboleggiato dal Cristo in gloria.

Così Francesco compie il suo cammino verso l'analogia con Gesù, un imitazione che lo rese sempre più vicino al Messia sempre più Santo. Egli è il primo stigmatizzato del cristianesimo. L'ultimo fu Padre Pio, che Papa Giovanni Paolo II lo proclamò Santo. *"Il servo crocifisso del Signore crocifisso"* Francesco, cerca di nascondere le Stigmate avvolgendole con fasciature:

"solo frate Elia le vide e solo frate Rufino le toccò".
Nell'autunno del 1224 Francesco riprese il suo pellegrinaggio cavalcando un asinello, cominciò a predicare sempre con più convinzione e determinazione diffondendo il verbo di Cristo.

Ma le sue infermità si moltiplicano sempre più, è quasi diventato cieco e soffre di terribili mal di testa. Santa Chiara, che gli aveva fatto visita a san Damiano, lo obbligò a fermarsi per qualche settimana, in questo periodo lo curò con amore e devozione, questo per Francesco fu uno degli ultimi periodi di pace terrena. Qui, probabilmente egli compose il *"Cantico delle creature, o cantico di frate sole."* suo capolavoro.

Frate Elia lo convinse a consultare il medico del Papa, la cui corte si trovava allora a Rieti. Secondo Tommaso da Celano, Elia lo accompagna a Rieti, dove Francesco fu alloggiato nel palazzo episcopale, lì viene visitato da Tebaldo il Saraceno, un medico mussulmano al quale era affidata la cura del Papa, ma Francesco peggiora, i suoi mali lo rendono in fin di vita. I frati di Siena lo reclamano, affermando di poterlo curare e addirittura guarirlo. Ma il suo stato, al contrario peggiora in modo drastico. Così decide di dettare il suo testamento. Ma come un miracolo Francesco migliora il suo stato di salute, ed allora, con frate Elia, lascia Siena e si ritira nell'eremo di Colle, presso Cortona, dove, però, il male riprende la sua vivacità e violenza, tanto che Francesco chiede di essere portato ad Assisi, perché era suo desiderio morire nella sua amata città, venne trasportato nel palazzo episcopale. Francesco è giunto agli ultimi atti dell'imitazione con Gesù, dal quale già aveva ricevuto il suggello finale con le Stigmate. Infine volle essere portato alla Porziuncola, il luogo da lui più amato. Il 2 ottobre partecipa alla cena, dove spezza e benedice il pane e lo distribuisce ai suoi frati. Il giorno dopo si fa cantare il Cantico delle creature, legge il Vangelo di Giovanni:

"Gesù disse queste cose; poi alzati gli occhi al cielo, disse: Padre, l'ora è venuta; glorifica tuo figlio, affinché il figlio glorifichi te, poiché gli hai dato autorità su ogni carne, affinché egli dia vita eterna a tutti quelli che tu gli hai dato. Questa è la

vita eterna: che conoscano te, il solo vero Dio, e colui che tu hai mandato, Gesù Cristo. Io ti ho glorificato sulla terra avendo compiuto l'opera che tu mi hai dato da fare. Ora, o Padre, glorificami tu presso di te della gloria che avevo presso di te prima che il mondo esistesse. "

Uno dei frati presenti vide all'improvviso la sua anima, salire al cielo come una stella. Aveva quarantasei anni, quando il 23 ottobre 1226, San Francesco d'Assisi, il frate poverello, esalò l'ultimo respiro unendosi al suo Cristo. Il 4 ottobre, la salma del Santo fece una sosta nella chiesa di san Damiano dove santa Chiara, ricoprì di lacrime e baci il corpo inerme del suo grande amico celeste, dopo di ché vi fu la provvisoria sepoltura a san Giorgio. Il cardinale Ugolino che nel frattempo diventò Papa Gregorio IX rese al suo protetto e amico la canonizzazione, facendolo Santo, era il 25 maggio del 1228, solo due anni dopo la morte del Poverello che venne tumulato definitivamente nella basilica di Assisi. La basilica divenne il Santo Sepolcro di San Francesco d'Assisi, come quello di Gerusalemme è il Santo Sepolcro di Gesù di Nazareth.

Il francescanesimo si inserisce in quel vasto movimento dei Papi del XIII secolo, in uno spirito di riforma volto contro la corruzione dei costumi degli ecclesiastici del tempo, troppo coinvolti negli interessi materiali e politici, nella sanguinosa lotta per il potere spirituale e temporale. A questo si deve aggiungere la fioritura del costume, la nascita delle ricche città stato, se da un lato arricchì una parte del popolo, determinando la formazione di quei ricchi ceti mercantili, il cosiddetto *popolo grasso*, che acquistava potere a scapito della vecchia nobiltà feudale, facendo della vita metropolitana il centro della civiltà, pur lasciandovi dentro larghissime fette del ceto contadino più indigente, dall'altro causò una forte disuguaglianza sociale e anche crisi dell'assetto sociale medievale che dovette coinvolgere Francesco in prima persona mentre esercitava la professione di mercante.

Francesco vuole essere il minore tra i minori, umile tra gli umili. Si sostiene che egli applicò ai compagni l'appellativo *minores*, dato in spregio ai popolani dai ricchi, perché lui stesso voleva incarnare la figura di uomo del popolo. Assisi e Santa Maria degli Angeli furono e sono tuttora il cuore pulsante da cui parte e a cui ritorna l'attività missionaria di questo nuovo Ordine dei *minori*, come da allora in poi furono chiamati tutti coloro che seguirono (e che seguono) il Santo. In questo modo, lo spirito di condivisione è esempio concreto della comunione dell'anima con Dio, Gesù testimonianza di fede e di amore cristiano. A imitazione dei poveri e dei mendicanti, è l'aspetto itinerante dei francescani, secondo il principio di portare il proprio sostegno materiale e spirituale al prossimo andandogli incontro là dove egli si trova: applicando questa regola alla prima persona Francesco visse e scontò un incessante vagare, portandosi fino ai confini dell'Europa, sostentandosi del frutto del lavoro che gli veniva offerto per strada e dove questo non fosse possibile, attraverso l'elemosina. La forza persuasiva del messaggio che Francesco aveva predicato, del suo stile di vita e di apostolato colpì subito i suoi contemporanei, ed è arrivato fino ai nostri tempi e certamente durerà per sempre. Il suo messaggio rimarrà indelebile nel cuore dei cristiani e non solo. Nell'avvilimento in cui, non in particolare ma in generale, dovunque era caduta la dottrina evangelista, Francesco, fu mandato da Dio a testimoniare per tutto il mondo la verità, come fece per suo figlio Gesù Cristo. Francesco divulgò il suo credo modernamente per l'epoca decadentistica in cui visse, aprendo la strada ad un rinnovamento della cultura religiosa. Un nuovo rinascimento culturale, sociale ed anche artistico, che doveva, dopo di lui, prendere piede nell'Italia e nell'Europa alla fine del medioevo col Rinascimento, il grande disgelo, il più importante nella storia dell'occidente, dopo quello che duemila anni prima aveva portato ad Atene la splendida libertà dell'era classica di Pericle, il quale favorì lo sviluppo delle arti e della letteratura e questa fu la principale ragione per la quale Atene deteneva la reputazione di centro culturale dell'antica Grecia. Non vogliamo assolutamente rinnegare l'eredità classica, ma la assumiamo come razionalità del rapporto umano con la struttura profonda della realtà mondana. Come non rinneghiamo la trascendenza cristiana di Cristo, ma con San Francesco d'Assisi se ne rompe l'astrazione formale, il diaframma tipico dell'arte greco-bizantina tra le figure della vita reale ed il loro messaggio simbolico. Ciò è esplicito negli affreschi di Giotto, il quale illustrò la vita di Francesco. Dipingerà con maestria imponendo definitivamente l'interpretazione idilliaca della scena, nella chiesa superiore di Assisi. (Giotto di Bondone, nato a Colle di Vespignano nel Mugello, nel 1267 morì 1337 ca. E' considerato uno dei creatori della pittura moderna per le sue ricerche spaziali e volumetriche e il suo umano naturalismo) Soffermandosi, al primo dei ventotto episodi che lui ha raffigurato della vita di Francesco possiamo ammirare quale forza intestina lo spinse a posare il suo pennello, intriso di colori e creatività, nel muro appena intonacato. La magnificenza della sequenza della predicazione agli uccelli è qualcosa di sublime, in esso si può scorgere la più profonda fede nell'arte figurativa, dove l'attualità è magistralmente rappresentata come fosse un dépliant pubblicitario. Si ha immediatamente, difronte l'affresco, di entrare in uno spazio vivo. La forza simbolica del racconto è affidata tutta alla naturale credibilità del reale, e sulla piena compenetrazione nel mondo pittoresco e poetico di Giotto, tra simbolismo e realtà. L'oltre umano, in esso nasce dall'umano, il miracolo è voluto e concesso in cielo ma si manifesta sulla terra. La verità spirituale di Francesco è garantita dalla verità del vissuto. La radice della sua santità è nell'umanità e nel quotidiano della sua vita. Così Francesco è destinato a rimanere eterno nella storia degli uomini, perché è possibile riconoscerlo con assoluta naturalezza dalle vicende del suo tempo. Un tempo pieno di contraddizioni, di lotte, di tradimenti, di crociate, di inquisizioni.

La preghiera a San Francesco, venne pubblicata nel dicembre del 1912 su una rivista cattolica francese. L'autore è anonimo. Alla fine della seconda guerra mondiale, la diffusione venne divulgata in tutto il mondo stampata nelle tipografie di Assisi:

Signore, fa' di me uno strumento della Tua Pace:
Dove è odio, fa ch'io porti l'Amore,
Dove è affesa fa ch'io porti Perdono,
Dove è la discordia, ch'io porti l'Unione
Dove è dubbio, ch'io porti la Fede,
Dove è errore, ch'io porti la Verità,
Dove è disperazione, ch'io porti la Speranza,
Dove è tristezza, ch'io porti la Gioia,
Dove sono le tenebre, ch'io porti la Luce.

Maestro, fa che io non cerchi tanto
Ad esser consolato, quanto a consolare,
Ad esser compreso, quanto a comprendere,
Ad essere amato, quanto ad amare.

Poiché, così è: Dando, che si riceve.
Perdonando, che si è perdonati,
Morendo, che si risuscita a vita eterna.

SPECIAL THANCKS

Rita Nisticò

Carolina Mauro

Manolo Cristian Abbondati

Almax Magazine

Musa Grafica

www.ingramcontent.com/pod-product-compliance
Lightning Source LLC
Chambersburg PA
CBHW022145150726
47992CB00002B/771